写作的基本技巧

WRITE TO THE POINT

［英］萨姆·利思 著
Sam Leith

褚旭 译

九州出版社
JIUZHOUPRESS

目 录

1
在语言大战中存活

　　如何使用语言的讨论中的绝大多数——无疑也是最热闹的——都围绕着语言使用中的错误展开。那个字母应不应该大写？应该用哪个介词，to 还是 from？逗号应该放在哪，引号里面还是外面？不论是在文明时代还是荒蛮时代，我们都被鼓励着去思考这些问题。

　　这些争论被称为"语言大战"——它们也确实像战争。喧哗的声音！暴怒的人群！一方是纠错大军。他们的堡垒不是沙袋，而是各种各样的二手书：福勒（Fowler）的《牛津现代英语用法词典》（*Modern English Usage*），《格温的语法》（*Gwynne's Gramma*）以及斯特伦克（Strunk）和怀特（White）合写的《风格的要素》（*Elements of Style*）。这里有"神枪手"林恩·特鲁斯（Lynne Truss），他的狙击枪装满了撇号作子弹，瞄准了标点错误的杂货店广告；还有"疯狗"西蒙·赫弗（Simon Heffer），准备用"十分之一"这个词展开一场威慑行动，并削弱敌方十分之一的军力。

同样防守严备的另一方，是描写主义非正规军。这是一支奇怪的队伍，嬉皮风的教师和学院里严谨的语言学家们并肩作战，其中有许多穿着开襟羊毛衫的人。有人刚刚引燃火信，朝敌方堡垒扔了一个分裂不定式（split infinitive）炸弹。现在，他们正吐着舌头，比着胜利的"V"并大笑。我可以从中辨认出杰弗里·普勒姆（Geoffrey Pullum），他看起来脾气暴躁，试图用"语料库"这个秘密武器进行修补。

然而，问题的核心在于，写作是否有正确的方式。词语的意思和拼写、标点符号的应用、句子的格式，是否有，或者应不应该有规则可言？如果有，或者应该有，那么这个规则由谁来定？就像乔治·奥威尔（Ggeorge Orwell）的小说《1984》中说的那样，这场战争已经持续了太久，众人都记忆深刻。语言学家史蒂芬·平克（Steven Pinker）在《风格感觉》（*The Sense of Style*）的引言中写道："自从有了出版社，对语言衰落的抱怨就开始了。"他引用了卡克斯顿（Caxton）在1478年的抱怨："毫无疑问，语言的使用和我出生时大不相同了。"

交战双方——他们都有自己的宣传机构——都意欲讽刺对方。描述主义者将纠错大军视为自命不凡的外行，只知沉迷于学生时代遗留的一系列语言禁忌，本质上却并不清楚语言是如何运作的。同时，规范主义者将描述主义者视为自作聪明的人，他们待在象牙塔里，无所不为，尽管声称对语言进行研究，却积极地滥用和破坏语言。

理性地说，描述主义者是对的。英语并不是凭空编造的。和羽毛球或洗衣机不同，英语不是一个发明物，有说明书可供参考。它不是固定不变的，是一整套实践与表达的集合，并在使用过程中不断进化。一百年前，"wicked"的意思是"邪恶的"；如今在很多语境下，它却代表着"卓越的"。这不是由任何人决定的，它只是——用语言学的术语来说——自己流行了起来。如今，"gay"意味着"同性恋"，"decimate"意味着"彻底摧毁"。如果这些含义都是自发流行的，那么反对者给《每日电讯报》（*Daily Telegraph*）写再多的投诉信也没有用。

一种语言有规则吗？当然，在某种意义上是有的。如果没有规则，语言也无法发挥作用。但语言没有裁判。就像身体在重力作用下加速，或者胚胎在子宫中慢慢成形，语言的规则也是如此。语言规则是语言系统本身的一个特性，而语言系统是由语言的日常使用者决定的。

你或许认为自己不懂语法，是因为你在学校里没有学过什么是动名词，没有学过变位和变格的区别。但事实上，你说的每一个句子都是有语法结构的。如果没有，别人不可能明白你在说什么。你会用到动词的词形变化，我会用到，他也会用到，我们都会用到变位——就像我们都会咀嚼食物。甚至在思考之前，我们已经说出了动名词。在课本中学到的语法并不是提供给语言使用者的说明书，它只是用来描述人们是如何使用语言的。

以上就是我写这本书的起点。我不站在语言战争中的任何一边，而是与中间抱成一团的群众站在一起，蜷缩在其间的真空地带里。我想提供一种实用的方法。

我想承认的是，知道问号放在哪或者如何正确拼写，的确很重要——关心这个问题的校对员、助理编辑和学校老师并不是在浪费时间。在后面的章节中，有很多关于正确（或者更准确地来说，标准）用法的内容。当然，也包括那些关于标准用法的、无意义的谣言。

同时，我也想使语言大战趋向平衡。运用语言是社会活动——这也说明了为什么语言很重要。然而，准确来说，使用语言是一种随着时间变化的社会活动。了解你的听众比了解语言规则和禁忌更加重要。正确性是语言的一部分，但不是全部，也不是最重要的一部分。

因此，好的写作绝不仅仅是如何写一个限定性从句。如何将声音落实到纸面上，如何写一个读者容易理解的句子，如何加入音乐性，使句子更悦耳，如何使习语和形象变得生动，如何在纸上排列句子……这些都是好的写作者应该关心的问题。

我们国家中的每一个人，几乎每天都需要用笔写字，或者用手打字。我们会写备忘录、邮件、报告、陈述、简历、博客、推特，也会写一些抗议书、祝贺或申请信。如何书写，写了什么，这些都将塑造我们的工作和人际关系。表达清晰是至关重要的礼节，而写得好能给读者带来愉悦的体验。在写作时，你不仅仅在提出观点或传达信息，你还在培养人际关系。

这一点非常重要。因此，我们应该停下来想一下，为什么规范主义者和自傲的学究——那些会因为别人用"less"不用"fewer"而中风的人——会有这样的想法，为什么他们如此在乎这些问题。奇怪的是，这些问题告诉我们有关语言的事情比他们珍惜的语言规则要多得多。

人们为"正确性"辩解的理由分为四种：

1. 诉诸传统。他们会引用之前的权威语法手册，或者引用知名作者在这方面的言论。
2. 诉诸逻辑。他们认为，正确的时态顺序，或者与主语相呼应的修饰语，对于句子的明晰非常重要。
3. 诉诸效率。他们认为，不标准的用法会使语言变得模糊，降低语言的准确性。如果"巨大"也能表示"大"，或者"邪恶的"能表示"卓越的"，就会造成语义混乱。
4. 诉诸美学。他们认为某些结构是丑陋的、粗制滥造的，甚至是"荒蛮的"。

乍看起来，这些观点都言之有理。

那些所谓的语言"权威"通常不仅是谨慎的语言使用者，还是观察者。但即使杰出作家的语言也只能代表他们所处时代语言的常规用法。而且，不论是语言"权威"还是杰出作家，都不会直接地告诉我们该如何去写作。作家有他们自己的目的；语言权威有自己的立场，而且他们经常参考之前的权威。我们该听谁的？哪个作家？哪个权威？当他们有冲突时，我们该怎么办？

用逻辑或类推确实能让你的部分写作连贯起来——这样做也经常会提高句子的清晰度，但情况并不总是这样的。英语并不是按照逻辑系统来设计的，或者说，它根本就不是设计出来的。数百年来，成千上万的英语使用者拼凑出了"英语"这种语言，并不断地进化以完成它的任务。一部古老的儿童电视剧《天龙特攻队》（*The A-Team*）中有一个很典型的场景：主人公们被坏人锁在了屋子里。在木屋里仔细搜寻之后，主人公们会发现一些废品，他们开动脑筋，变废为宝，用临时制成的工具逃生。用不了多久，一辆三轮坦克会破门而出。它由木板和油漆桶搭成，外侧装有马达，以网球和老土豆为弹药，还有直冲着敌方的后悬挂式抛石机。英语就像这三轮坦克，再怎么痴心妄想，它也不会变成玛莎拉蒂。

在婴儿时期，我们的小脑袋十分渴望语言，到处吸收词汇；不仅如此，我们的大脑很快就会弄清楚语法规则，并开始把两个词连接起来。我们的大脑如此高效，使理论家很长时间以来都相信，人类大脑中一定有内在的"语言器官"。四个月左右时，婴儿可以识别从句；十个月时，他们就摸清了介词的用法；一岁时，他们熟知名词和形容词的区别；而三岁时，孩子们已掌握了所有的英语语法。这令人震惊——就像通过观看大量的国际象棋比赛就能推导出规则，或在 A1000 路和北环路交会处站半个小时，就可以摸清公路法规和内燃机的工作机制。

语言在群体中进化，因此也束缚了群体。例如，在"herb"（草药）这个单词中，美国人不发送气音 h。这是因为，在他们的祖先乘着"五月花号"着陆时，标准的读法是"erb"（这个发音来自法语，法语中的 h 不发音）。有一时期，英国人倾向于按照单词的拼写方式发音，就像艾迪·伊扎德（Eddie Izzard）说的那样，"我们发 h 这个音——是因为单词里有 h。"然而，这个规则总是适用吗？不是的，因为根本就没什么规则可言。不管是"herbs"还是"erbs"，我们用来切割它们的工具，在发音上来说，都是"nife"。（knife 有 k，但这个 k 不发音。）

像"herb"与"erb"的区别，有时被称为"示播列"（shibboleth）：同一个单词或发音在不同语言群体之间有所不同。"shibboleth"这个词本身就是一个习惯用法。大约公元前一千年左右，如果你想要区分以法莲人和基列人，就可以让他们说"shibboleth"这个单词。这是个希伯来语单词，意思和谷物有关。以法莲语中没有 sh 的发音，所以当你听到有人说"sibboleth"时，你就找对人了。你大可直接用驴腮骨或类似的东西杀死他。

当我们说到"语言"时，每个人都知道，我们不是在讨论一种语言——世界上有大概 7000 种语言。然而，人们却较少注意到，当我们说起"英语"时，我们也不是在说一种语言：英语里充满了庞杂、意义交叠的方言、口音、术语和俚语——有些是口语，有些是书面语——它们拥有独特的词汇和语法特征，有不同的语调和语域。汽车保险条例中的法律术语是英语；安东尼·伯吉斯（Anthony Burgess）的《发条橙》（*A Clockwork Orange*）中受俄语影响的纳查奇语是英语；你喋喋不休的短信和推特中用到的缩略词也是英语。它们拥有共同的祖先，词汇和语法大部分相同，通常也能相互理解。对于一个使用标准英语的人来说，要花一段时间才能"适应"《发条橙》，但不是所有人都要那么久。

另一方面，语言并不只是一系列用法的集合。广义上来说，语言也是关于用法的一系列观点。事实上，很多人都相信，说话和写作确实有正误之分。观点和身份密切相关，有时这种关系十分明显——比如在骄傲的学究所写的、谴责标准英语的衰落的书中；有时却不明显——比如一种方言的使用群体或许会质疑外来者。但归根结底，前面的例子只是后面例子的一个时髦变形。

还有第三种方法，即采用一种实用的、修辞的方式。我们可以为真空地带的军队组建一次圣诞节大反抗。怎么做？对待蠢人要有耐心。上帝知道世上有很多蠢人，所以无论如何你都要忍受他们。如果你不能愉快地容忍他们，那受损的就是你的快乐，而不是那些蠢人。

如果有人认为，分裂不定式不是英语的用法，那么从技术上来说，他们大错特错。但是你并不需要致力于证明他们错了，你的兴趣在于让他们加入你的队伍。迁就他们。如果你的写作就是针对这样的一群人，或者他们有可能成为你的听众，那么你应该保持优雅，在内心微笑，并放弃使用分裂不定式。

同时，我们也应该意识到，我们拥有，也有资格拥有一整套自己的风格偏好。每次说话或写作的时候，你都在试图与观众建立联系，而这一联系的建立需要你使用观众的语言。这本书主要关注标准英语，而标准英语的一个社会学特点就在于，它的很多使用者将语言的正确性看得非常重要。因此，你必须知道观众想要什么。这一点我会反复强调。

所以，我们在战场上前行时，应该搞清楚炮弹坑在哪。宁肯得知位置之后，谨慎地迈入其中，也好过在黑暗中跌入，弄断脖子。

此外，熟知标准英语的规则可以带给写作者至关重要的东西：自信。当坐下来写作时，很多人会感到担忧，甚至恐惧。我该怎样填满这张空白页？我该怎样表达我的意思？如果我标点用错了怎么办？这样结尾会不会很傻？即使是最流利的演讲者也会怯场，使得落在纸上的内容并不是他们想要表达的。

对于糟糕的写作来说，恐惧的责任比谁都大。更多情况下，是恐惧，而不是自负，使语言听起来僵硬、自大。恐惧让人们紧紧抓住那些依稀记得的语法规则。

因此，从某些方面来说，写作是一场骗局。我并不是说作家都忙于欺骗读者，我的意思是，在最好的、最流畅的写作中，作者不仅感到自信，还能将这自信注入文字当中。他们掌控全局，制订计划——这意味着使读者感到可靠。读者相信，作家知道他或她想表达什么，知道如何准确地表达。

我不是说有且只有一种好的写作。尽管本书包含许多建议和看法，但并不旨在列出一串规则或者说明。我不想假装有什么神奇魔法。我想做的，就是陪伴你走过阅读和写作中遇到的问题，并说明怎样做得更好，怎样更自信一点。

在本书中，我会谈到一个句子的基本组成单位，如何将句子组合成段落、组合成你的想法和观点。我会谈到为什么一个句子是错的，以及如何改正；我会谈到具体的写作类型，语法的惯常用法，以及常见的错误和不规范用法；我会谈到纸上写作和网络写作的区别；我还会谈到一些使句子更生动、更直接的技巧。

同时，我也会注重大局。我们大部分的写作都是为了说服别人，以各种各样的方式。因此，我想探讨说服力是如何产生的。是什么让别人阅读你的问题并采纳你的观点？你要怎样吸引并保持他们的注意力？你怎样退后一步，从读者的角度审视自己的写作？这方面的知识体系古已有之——从亚里士多德（Aristotle）首次建立的修辞学规则，到现代神经系统科学家的实验室。

好，现在走出弹坑，让我们看看上面是什么。

一、二、三，走起！

2

纵观全局

你在和我说话？：说话，阅读和写作

许多年前，我为校刊采访过作家朱利安·巴恩斯（Julian Barnes）。想象一个十八岁的我，坐在北伦敦的咖啡馆里，面对着这位伟大的作家，紧张地将录音机放在桌子上。当时我准备了一大堆精雕细琢、做作的问题。我渴望能够取悦他。但是，就在我打开录音机时，他说了一些话，完全打乱了我的阵脚。带着一种斯芬克斯式的巴恩斯微笑，他说，对于这次采访他只有一个原则，那就是不允许我逐字引用他的话。

我感到疑惑：受访者难道不是总在抱怨记者的错误引用吗？然而这个人——他可以看出，放在桌子上的录音机是我表现出的诚意——却主动要求不准确的引用。他说："逐字引用任何人的话，都会让这个人看起来像个傻子。"① 当然，他是对的。每个人在说

---

① 他说的话大概就是这样。在其他情况下，我会迟疑是否应该用引号。但是这里……

话时，都不是在用完整的、符合语法规则的句子。

细想一下巴恩斯的原则，使我找到了一个很好的方式，去考虑一些我们不太注意的问题。讲话和写作是不同的，比我们通常以为的更加不同。同样，阅读也与这两者不同。事实上，人们阅读的方式——通过电脑屏幕、通过书本或通过手机——本身就很不一样，值得深究。

本章中，我想提供一些线索，来说明这些不同如何影响你的写作。

你最常听到的建议也许是："试着像说话那样去写作。"但你需要谨慎对待这个建议。一方面，它是有道理的。在对话中，我们所有人都能够即兴创作出流利的、符合语法规则的句子。我们讲话时，不假思索，充满信心——除非我们要在一屋子人前面讲话，或与我们害怕的人讲话——自信就是有效交流的核心。作为一名作家，你可以模仿你说话的方式，并试图捕捉说话的声音，将它呈现在纸上。

但是，像说话那样去写作，说起来容易，做起来难。说话是自然而然的，而写作是不自然的。你不能写得和说的一模一样，你也不应该这样做。比如，我试了不提前写在手机上，直接口述如下段落：

> 口语常常是冗长的。它常常包含很多东西，嗯……那些不是书面语的特征的东西。它更加自由，结构更加开放……

你发现句子相互碰撞，一些小的事情，比如，声音，在侵入，你会说很多，补充短语，补充的短语会，嗯……会打断你的话，给听众一些时间去反应，去消化。你会发现，你会在句子说到一半时停下来，嗯，基本上来说，口语比书面语更不固定，阅读书面语时读者可以倒回去，但是口语不行，所以如果你直接写下别人说的话，即使他们说得很好，说得比我流畅得多，嗯，你仍然只会得到一串看起来绝不适合阅读的句子。

一串绝不适合阅读的句子，这就是我逐字引用口语的结果。（我说的"比如，声音，在侵入"到底是什么东西？）

从以上的絮絮叨叨，我想说的是，书面语和口语有不同的语言特性，语法也稍有区别。例如，在上面的话中本来是没有标点符号的，而我已经开始根据标准书面语的规则，用空格、句号、逗号和破折号将它们组织起来。但是，正如语音学学者说的那样，口语中不太会在词与词之间留间隔——书面语中句号、逗号、冒号或破折号在语义上有区别，但它们在口语中没有相应的对等物。因此，在把口语写下来的时候，我已经在篡改它们了。

因此，文学作家通常会使用非标准的风格来捕捉说话的声音。下面这个例子来自玛丽莲·罗宾逊（Marilynne Robinson）的小说《基列家书》（*Gilead*）：

我带着最大的希望和最坚定的信仰来写作。筛选我的思想，斟酌我的用词。试图说出真相。而且坦白地说，这种感觉棒极了。

I wrote almost all of it in the deepest hope and conviction. Sifting my thoughts and choosing my words. Trying to say what was true. And I'll tell you frankly, that was wonderful.

固守语法的人或许会接受第一个句子。但他们会反对第二句和第三句，因为句子中缺少了主要动词。他们会将这两个句子视为限定性从句。他们也会对第四个句子吹毛求疵（如果他们过分关注语法的话）：要么是因为句子是以"And"开头的，要么认为"坦白地说"之后的逗号需要另一个与之对称的逗号来构成插入语（"而且，坦白地说，这种感觉棒极了"），又或者这个逗号最好改成冒号（"而且坦白地说：这种感觉棒极了"）。

固守语法的人会错过重点。在这里，使用标点符号不是为了凸显语法，而仅仅是为了强调句子的节奏。大声读出来，你会发现这是一句完美的表达。句号和逗号正是口语中停顿的地方；并且——尽管标点符号的应用并不是严谨的科学，这一点我在标点符号那一部分会更详细地谈到——罗宾逊在该用句号的地方就用句号，在该用逗号的地方就用逗号。

口语和书面语为什么会不同？因为人类学习两者的方式不同。一个普通的孩子，在6岁之前，能够完全掌握语法和2000

个左右的消极词汇（即那些他能够理解的词）。惊人的速度和准确性使人们一直以来都认为大脑内有"语言器官"。你只需要把孩子放在其他语言使用者的身边，就不用管他了。

但是习得字母、将字母拼成单词、运用标点符号……这些必须通过艰苦的学习和练习才能掌握。写作就像任意的、人工的编码，被用来呈现自然行为。写作者假设拥有理论上或想象中的读者：当你写作时，你是在瓶子里装入信息。这很奇怪。人们并不是天生就会写作的。写作是后天习得的行为。

在上面那一段结结巴巴的话中，其实口语的结构比写下来的更加松散。句子相互冲撞，打断彼此，改变方向，或环绕回来。讲话者会说"嗯""啊"，会插入空洞的短语。这不仅能让他们跟上自己的思路，也帮助听众消化对方所说的内容，且不会感到认知超载。口语中会有更多的重复，也是出于同样的原因。坦白地说，读者可以重复阅读一个句子，或参考之前的段落；听众却不能回放。

因此，写作和讲话是截然不同的事。由此也引发了其他一些问题。一个问题是，写作要遵循更严谨、更清晰的人为规则。对于不同的写作形式，有不同的规定，而这些规定大部分都是语言大战中所争论的对象。所以，当你坐下来写作时，不管你多么训练有素，你都要清楚，你在做的是一件人为的、正式的、不自然的事。通常情况下，你会什么都写不出来。

举一个极端的例子：老掉牙的英国戴蓝帽警察形象。现实中的警察不会——回到集合厅，当同事给了他一杯茶和方糖，问起他下午怎么样时——他不会说："当我在多克格林街上向西前进时，我发现两个男士正在争执。他们无视我的口头禁止，所以我上前制止了他们。我抓住了一个嫌犯，另一个跑掉了，仍逍遥法外。"

他更有可能会这样说："我正在多克格林路上走着，发现两个家伙正在打架，所以我叫他们停下来。他们一点也没理我，我挤了进去。当我给其中一个混蛋戴上手铐时，另一个跑了。"

然而你可以确信，在法庭上宣读的证词会是第一个版本。当然，证词的语气应该与在集合厅里和同事讲话不同。但是我想象中的警察做得太极端了，正如我们许多人都会做的那样：矫枉过正。他不仅仅是用正式的方式说话，还是在用一种根本不存在的方式讲话。任何人，在任何情况下，都不需要用到"向西前进"这个短语。在任何官方的、正式的写作中，你都会发现类似的情况。

至于语调、语言正式度，就是所谓的得体问题，有时候也叫作语域。正确的语域——即找到合适的交流风格——是有效写作的核心。使用不当，就相当于在晚会上穿错了衣服。在集合厅，你就应该穿牛仔裤和运动鞋；在法庭，你应该穿西服，打领带。我们前面所说的警察，给自己找了一身不合适的无尾礼服，还系了个糟糕的蝶形领带。这就是"像说话那样写作"背后的一个问题：你要捕捉到口语中的自然和直接，同时不能听起来呆板或浮夸。

但是，正如我所说的，写作是说话的呈现，而不是如实记录。写作时，你将声音转化到纸面上。这种转化，比我们平常注意到的，要更加彻底，和用油画呈现物质世界差不多。你可以辨别出一幅画中的物体像烟斗，而另一幅不像。我们太习惯于将画和现实中的物体对等，以至于如果有人给你一幅有石楠木烟斗的画，并问你这是什么时，你十有八九会回答："烟斗。"但是雷内·玛格里特（Rene Magritte）提醒我们，"这并不真的是烟斗"。

当你在写作时，你是在努力地以书面语的形式，在最合适的语域中，呈现你最美的声音的幻象。正如我提议的那样，口语发挥作用的方式是由其接收方式决定的：口语去适应听众。书面语也是如此。读和听是相关的，就像写作和讲话是相关的，但他们都不是同一件事。

速度，是区别之一：一个快速的写作者一小时大概能写500到1000字；而一个快速的读者一分钟就可以读完这些。换句话说，我们读比写要快几十倍。所以我们体会文本的方式不同：一边，是键盘上数小时的挣扎，另一边，是读者几分钟的愉悦。这意味着作家无法对已完成作品的节奏产生直观的感受。

想象采用定格动画的方式来拍摄一部剧情片：在每个画面中，移动一个橡皮泥模型或仔细刻画不同的单帧。为了确定观众所能看到的效果，你必须把毛片调回正常速度。在调节的过程中，你才会真正地感受到作品的节奏：你需要以一个读者的身份去感受它，而不是作者。在实践中，这代表着重读。的确，写作和阅读同一文本的不同感受会让你震惊。

如果你时间充足，先把文本放几天。马上去读你刚写完的作品，你会受到创作过程的伤害：你太了解故事的结合点，尴尬的过渡，和隐藏的结构。这个段落，或那个段落会让你分心，因为你清楚地记得你创作它们时的艰苦历程。那些创作的时候感到艰难的篇章，读的时候就会更加沉重；而且，如果你一直忙于剪切、粘贴，你就会觉得，读者们不知道你是怎样将片段组合在一起的。放几天，那些伤疤自会愈合。当你以一个读者的身份开始读时，你就会更好地感受到，一个不了解它的读者在阅读时的感受。你的文本，读起来或许比想象中更好。

第三点值得注意的是：阅读时会发生什么？现在人们普遍认为，我们学习语言的方式和学习其他事情一样：我们的神经元非常聪明，适应能力强，它们会运用工具来完成工作，就像童年时大脑的进化一样。人们不再相信由诺姆·乔姆斯基（Noam Chomsky）首次提出的观点，即，大脑中有专门的、内在的"语言器官"。如果针对口语的器官其实并不存在，那么你也可以确定，我们不会有针对书面语的器官——书面语在公元前四千年才出现，从进化方面来讲一点都不算远。

相反，大脑会改变许多其他区域——那些针对口语的区域、物体识别区域、运动协调区域、听觉和视觉区域——来拼凑成一套阅读回路。认知神经科学专家玛丽安娜·沃尔夫（Maryanne Wolf）在《普鲁斯特与乌贼》（*Proust and the Squid*）中说到，大脑能够学着去阅读是因为"它有能力在结构和回路间建立新的联系，而这些结构和回路原本服务于其他更基础的大脑程序，比如连接视觉和口语结构"。

应该说，大脑工作的具体细节仍然不为人所知。我们都喜欢神经科学的知识——其中大部分是出版商——但我们对大脑的了解仍处于初级水平。你可以用多种设备来测量大脑中血液的流动或电磁脉冲，然后你可以指着大脑的某一区域，说："当 X 在做 Y 事时，这个地方一定发生了什么，但我们并不知道具体是什么。"[①]

但是神经学的知识至少给作家提供了一点建议和提示：你在与读者的大脑共事，所以，快速地浏览一下头盖骨之下的内容，有可能会让你处于有利地位。

当你完全掌握了某种语言的口语时，大脑中两个独特的区域就已经发展出了语言特长。接下来我要说的，是大量但有趣的、过度简化的内容。布洛卡区与韵律和句法有关——你或许会将它们称为语言的结构特征。威尼克区专攻词语和意思，即，

---

① 如果这种解释低估了神经学家的工作，我向你们道歉。你也可以将这种解释看作一种纠正，纠正过分高估神经学的趋势。

内容。①

　　当我们处理口语时，这些区域和大脑中负责听觉输入的区域合作。当我们处理书面语时，它们也要唤醒视觉区域。但是，这种合作十分复杂。当你不再聆听，开始阅读时，你不能直接将输入的电线从耳朵里拔出来，再连接到眼睛上。

　　语言和大脑中的听觉中枢有关——当你默读，尤其是当你读到一个陌生的词汇时，你会在大脑中"发出声音"。这种时候，大脑中通常负责听觉的部分就会有所行动。

　　虽然从本质上来说，纸上的文字是抽象的，但我们的视觉系统并不适应抽象概念。视觉系统被设计来识别现实世界中的物体：它能够区分褐色树墩和一头褐色的熊。吃午饭时我们可以惬意地依靠着前者，而后者却不行。早期的书写系统似乎从本质上来说是象形文化——一系列的飞跃使我们发展出能够呈现声音和抽象概念的系统。

　　这意味着阅读的过程并不如你想的那样抽象和理性。我们的确是和现实世界中可见的字母和单词打交道，我们也确实能在大脑中"听到"它们的声音。我们有身体，我们通过我们的身体来体验

---

① 这些推理是由观察人们的行为得到的，这些人大脑中的布洛卡或威尼克区受损。患布洛卡失语症的人，通常可以说出一系列各有含义的单词，却不能将它们组合成符合语法规则的句子；相反，患威尼克失语症的人或许会说出语法正确的句子，但你却听不懂他在说什么，就像听社会学的学术会议报告一样。这种分区方法提供了一种暗示，让人将一个区域视为语法机器，另一个视为词汇库，正如哈利·里奇在《本地人的英语》（*English for the Natives*）中说的那样，这种方法就相当于"给颅相学披上了科学的外衣……语言是整个大脑的共同作用"。

世界，甚至是想象的世界。这给我提供了神经学上的理论支撑，论证两个老生常谈但的确有用的写作建议。第一，你应该首选具体词汇，即描述视觉形象和真实情景的那些，而不是抽象语言，因为具体词汇使读者的大脑更省力。第二，你应该关注单词的声音和韵律，因为不论你的读者是否会大声朗读出来，在他或她的阅读过程中，声音和韵律都是内容呈现的主要因素——这意味着，作者应该大声读出自己写下的句子，尤其是对那些不够自信的作家来说。

而且，你不仅需要考虑语言的具体性，还要考虑作品的物理形式。几张装订起来的 A4 纸会给人一种印象，吸引一种注意力；手机上的短信则会给人另一种印象。你要考虑到物理上的区别。手抄本的样式——正如你现在读到的这一本，每页纸都钉在书脊的那一侧——就好像一系列摊开的两页。阅读的过程中确实有一种物理标点——哪怕你正在快速地阅读《尤利西斯》结尾处，茉莉·布鲁姆那句长达 4500 字且没有标点的连续独白。阅读中，你在翻页。你有一种心理感受——甚至你的手指之间会有一种物理感受——你知道你读了多少。在你为某本书绘制内心图谱时，你能够知道某一段在左页还是右页，大概在哪个位置。

你就是这样的，对不对？凡是在学校中学过课文的人，或想为某人阅读某篇报道的人，都能够快速地找到段落的位置。你会有一种感觉——即使在几百页之后——你仍记得某句引用大概位于全书四分之一处，就在某个左页的开头附近。

我说的"内心图谱"并不是一个毫无根据的隐喻。你不只是读了一大段文本，你在其中航行。从古至今的记忆专家都采用"位置法"（method of loci，loci 在拉丁语中表示"位置"）来储存记忆：他们在脑中建立一个想象的建筑物，用想要记住的事情来装点它。这似乎是一个基于声音科学的方法。

所以手抄本使得绘制内心图谱更容易了。几张纸的东西也是这样——比如，一份展示文稿，一份公司报告或讲义。这些文本可能没有那些左页、右页的标示指引，但你或许会有一种感觉，能知道你引用的部分在正面还是反面（如果是双面打印的话）。你或许还会引导自己定位到某页的四角中之一角处。你也大概知道引用部分在整个文件中的位置。

用电子设备读书时，情况稍有不同。你不会感觉到自己读了多少。一些电子设备模仿手抄本，用双页的形式来呈现书本。其他的只允许你一直滚动着内容往下读。你或许认为，这两种情况与纸质书相比，航行的技术含量变低了，因为读者的控制力减弱了。与电子书相比，实体书让你能够更方便地朝前、朝后翻页。阅读电子书时，尽管百分比或进度条可以衡量你读了多少——但它更难掌控，更不真实。

这点重要吗？似乎很重要。近三十年来，大量的调查研究发现，用屏幕阅读让人们感觉更加疲惫，而且（或许是因此）他们更难记住自己读了些什么，也更不仔细。有些研究表明，在用屏幕阅读时，我们的阅读习惯是不同的：比起传统的阅读方式，我们更加心不在焉。我们期待有人来分散注意力；我们期待更浅显的阅读——我们也确实这样做了。

我举出这些调查结果并不是想贬低在线或屏幕阅读。首先，这些年轻的科技正在改变，现在的技术可以通过缩小屏幕和纸本的区别，来减少屏幕阅读带来的认知负载。例如电子墨水屏，它反射灯光的效果看起来和纸质书一样。众所周知，比起那些把光线直接照进读者眼睛里的设备，比如平板电脑或手机，电子墨水屏阅读压力更小。

人们将网络阅读的方式称为"保持部分注意力"。我喜欢引用科幻小说作者和博客撰写者科利·多克托罗（Cory Doctorow）的精辟概括，他将互联网称为"干扰科技的生态系统"。我们习惯于看到图像化的动作、照片、链接、动态图像，诸如此类——人们将上网的典型活动称为"网游"（wilfing），这来自"我在找什么"的缩写（WWILF, What was I looking for?）。

将来，这种情况不可能一直不变。但现在，我们所处的时代就是这样的。一个聪明的写作者，在思考长篇作品的发展前景时，要做到心中有数。当你为电子媒介写作时，你可以利用一些技巧，引导那些"保持部分注意力"的观众注意到文本的关键内容，这些技巧我会在后面的章节中谈到。

观众意识，或愿者上钩

"当你去钓鱼时，你会准备好诱饵，那不是由你喜不喜欢说了算，而是看鱼喜不喜欢。"虽然这句话有各种各样的变形，但是它抓住了本书的核心。在写作中，没有比它更重要的原则了。它决定了写作的一切，从风格到语域，从单词、准确性到行间距和排版等。

日复一日的写作练习不是为了让词语在纸上看起来美观，或展现你复杂的问题意识和惊人的用词。写作是为了和读者建立联系。正如美国政治民意调查人弗兰克·伦茨（Frank Luntz）喜欢说的那样："重点不是你说了什么，而是人们听到了什么。"

学会与读者换位思考，这不是什么新颖的建议。你会发现它出现在每个风格指导手册中。但这句话到底意味着什么？它为何重要？你应当怎样去做？

亚里士多德是第一个系统地研究修辞学的人。他提出了人们被说服的三种方式，称之为品格、情感和理性。情感是指人们被感情打动。理性是指用理智塑造观点。但品格是第一位的，比它们俩都重要。品格是指说话者或作家和观众之间建立某种联结。

这种联结的建立取决于观众是否喜欢你，是否信任你，相信自己会对你说的东西感兴趣。如果观众不喜欢你、不信任你，或者觉得你无聊，那你就无路可走了。你将无法用情感来打动他们，即使他们不能发现你论点中的漏洞，也不会花钱买你的书。

绝大多数情况下，品格其实取决于你是否将自己视为"我们中的一员"。这和读者如何看待你与他们之间的关系有关。把人类当成群居动物是不太妥当的，但是我们需要不断地从社会身份的角度去建构意义；我们以群体的方式进行思考。

我和其他人的共同特点建构了我的身份："白种人""男性""中年""英国人""父亲""丈夫""雷斯家族成员""热衷烘焙""穿 9号马丁博士牌靴子""喜欢《X 战警》"。这些共同点不仅会影响别人怎么看我，也会影响我如何看待自己——这两件事紧密相连。

打包归类——有时人们也开玩笑地称之为"分类存档"——正是语言的基础。名词（专有名词除外，比如"弗雷德"或"布莱尼姆宫"）不是描述单个的物体，而是描述一类物体。动词不是描述单个动作，而是描述一类动作。即使是连接词或介词——它们标示短语、从句和句子间的关系——也是在描述某一类关系：下面、上面、后面、与此同时，诸如此类。

"将球踢过房子的男人。"如果要理解这句话，你不必在脑海中整理出某个特别的图像：具体的某个人将某个球踢过了某个特别的房子。你要理解的是一些人类共同的看法，比如什么是"人"；什么是"球""房子"；"过"是指哪种空间关系；"踢"是哪种动作。

如果画出来的话，你的图像和我的图像不会一模一样。你脑海中那个模模糊糊的人是白人还是黑人？是高是矮？穿没穿衣服？那个球是足球、羽毛球还是沙滩排球？那个房子是北伦敦的半独立式住宅还是帕萨迪纳郊区的别墅？球是飞得很高还是从屋顶掠过？球是从这个人手里踢出去的，还是放在地上的，抑或是从他六岁的儿子那里扔过来的？这些问题的答案取决于你的生活经历，因此，在某种程度上来说，取决于你的身份。

然而，很可能一开始你脑海中的图像并没有这么具体——因为你没有想过会存在这么多区别。句子意义的产生，依赖于人们对词语定义达成共识，以及人们知道在听到不同解释之前，最安全的方式是允许多种解释存在。你试图理解讲话者说的大概意思，而不过度揣测。如果你立马在脑海中构建了一个十分具体的图像，而接下来的句子证明你的图像是错的，那么你必须返回去，扔掉之前的假设，再从头开始。这增加了认知负担，是一种能量的浪费。

如果交流者之间的共识更多，那么你们的交流会更有意义，也更精确。如果你和听众对单词的理解有差异，那你必须更努力地做到准确交流。但幸运的是，当语境无法提供参照时，语言提供了参照。从心理能量的角度来说，你一开始离观众越近，你的任务就越容易完成；粒子物理学家与同行交流，比和一个六岁的孩子交流要容易得多。

成功的交流者会尽可能承担更多的解释工作。如果你的参照系和观众不同，采取他们的参照系会让你更快地接近他们。人们一直都在这样做。当粒子物理学家和一个 6 岁孩子说话时，比起直接开讲亚原子粒子的数学运算，更可能获得成功的方式是从孩子的世界中寻找一个类比物——比如，向孩子解释，世界是一点点组成的，就像乐高积木一样。

这些分类不仅适用于理性——它们不仅是分类系统。我们以群组的方式思考，也以群组的方式感受。想想在政治集会、足球观众、一堆朋友或家庭成员之间人们的感受。我们以群体的方式定义自己，也因此被群体定义。

的确，一整套语言——所谓的"客套话"（phatic communi-cation）①——只是用来确立人类或部落间的共同点。这和牛摩擦胁腹、猴子挠痒痒，或狗互闻对方的屁股在语言学上的意义一样，只不过在人类中以语言的形式存在。我们问"今天过得怎么样?"时，既不是想追问什么，也不是要传达什么信息。我们说"你好!"，但既不会用惊讶的口吻也不会用惊吓的口气。我们会问"道奇队怎么样?"，但其实并不怎么在意他们。比起交流，我们更多的是在开路。我们是在打开麦克风，含糊地说："一、二、三，测试话筒。"

在上面的例子中，我用到了固定短语。但几乎各种交流都有客套话。相对的，许多其他的因素——从口音，到方言词汇，到表达礼节的方式——也都有和客套话一样的作用：它们建立起群体。一名苏格兰本地人在英格兰南部住了一段时间后，发现自己的口音消失了。但是，当她回到皮布尔斯看望母亲时，她会重拾苏格兰口音（语言学家将这一现象称为"适应"）。她这样做并不是犯了什么社会意义或语言意义上的错误，她只是在调整语言以适应语境。我们每时每刻都会这样做，我们谁也不会只说一种英语。

那么，如何将这点应用到写作实践中?

---

① 这个短语由人类学家布罗尼斯拉夫·马林诺夫斯基（Bronislaw Malinowski，1884—1942）提出。

从社会或情感角度来说，这意味着你要通过品格的测试。这不是说你必须听起来和你的观众们一模一样，但是你所说的必须体现出你是站在观众那边的，或者你努力地站在他们的角度思考过。你要在共同基础之上展开工作。演讲理论家肯尼斯·伯克（Kenneth Burke）说过："如果你要说服一个人，你必须按照他的语言来说话，按照他的姿势、语调、顺序、图像、态度和想法来说话，让你的说话方式和他一模一样。"

从风格上讲，这意味着尽可能减少语言的含混。要简单，但不要让读者觉得你在施舍他们；要清晰，但不要过于明显。这意味着，最重要的是记住——这在人类历史上不曾有过——你是在这个充满了干扰的世界上争抢别人的注意力。像我之前说过的，你要承担起让别人理解作品的工作。在理解你的话时，读者做的工作越少，就越容易继续读下去，也越容易接受你的观点。

读者意识也意味着你要让读者了解你的写作类型。类型——文学评论家们用它来形容某一种写作——关乎读者的期待。如果你期待的是咖啡，却饮了一口茶，就会觉得很恶心。类型就是文学形式的分类。

一句话并不仅仅是一句话，它隶属于更大的写作模式。我在后面会谈到不同的文学形式，从商务信件到社交媒体的帖子。每种形式都有自己的要求或期待，不仅涉及文体，还有空格的使用、何处断句，等等。

新闻报道会有标题、副标题、照片、联系方式等；公司文件或许会包含重点、信息图表等。有些写作形式需要连续的散文句子，有些则需要一系列有编号的段落。找到正确的类型特征，就是走在了正确的路上。如果你找错了，就相当于打扮成玛丽莲·曼森去参加神父的化装舞会。

平实简单

许多风格指导书都建议使用"简明英语"。在英国还有一个"简明英语组织"，它向官方机构施压，要求它们采用一种更简单的交流风格，多年来取得了一些成果。

但我们所说的"简明英语"是什么意思？

我们可以用苹果手机作类比。如果你读过沃尔特·艾萨克森（Walter Isaacson）写的史蒂夫·乔布斯传记，你一定会惊讶于苹果手机所克服的技术困难——玻璃的韧性问题、界面的设计，还要将那么多的东西装入一个口袋大小的设备里。制作一部苹果手机的技术说明可能长达几千页。

但是，让苹果手机如此成功的原因在于，这个口袋大小的电脑可以处理任何事情，并且客户无须阅读使用说明。它的设计如此直观，不言自明，你只需随便玩玩就会使用。

对比一下20世纪90年代的录像机（如果你们还记得那时候的话）。苹果手机比录像机的功能多得多。但是那种录像机有一本厚厚的、难懂的使用说明，即使这样，也只有孩子才能搞懂如何用它。使用简明英语指的是像苹果手机那样，而不是录像机。

所以，测试简明英语的方法，是看其是否有效。并没有什么科学的测试——尽管的确有一些经验法则，这点我在后面会谈到。简明英语的特征是：在更多情况下，当你看到一个简明英语句子时，你不知道它是；但当你看到一个不是简明英语的句子时，你就知道它不是。简明英语是最简单的语言，它能让尽可能多的潜在观众理解你。

简明英语能让读者的生活更简单。它模拟读者的认知过程。所以，作为一名想要使用简明英语的作家，你必须不断地和读者换位思考。

你要清楚——和制作苹果手机一样——制作者和使用者的工作不是对等的。有些内容，读者消化起来容易，而写作者写起来却未必简单。你或许会历尽艰辛，大汗淋漓。如果你成功了的话，你与之换位思考的那个人将不会察觉到你的辛苦。

因此，应该使用简明英语来写作这一点似乎是不言自明的。但事情并没有这么简单。简明英语在各种情况下都有不适用的时候。如果我们只使用简明英语，就不会有激动人心的演讲，不会有诗歌（或非常少）——事实上，也不会让心灵歌唱。

举个例子：

我看见了那黎明的宠儿，在今天早上，

在日光王子的国度，受斑斓黎明引诱的茶隼

正高高翱翔，起伏盘旋，身下是平稳的烟云，

它忘情地旋转，缰绳是它波状的翅膀！

然后它飞去，飞去，自由地飞向前方

这首诗是杰拉德·曼利·霍普金斯（Gerard Manley Hopkins）的《茶隼》（"The Windhover"）。如果用简明英语，开头句会是这样：

我起得很早，去散了个步，看见一只鸟。

在其他领域，有时某个话题需要特殊的语言——并不是因为话题复杂，而是因为，比如，科学家或许需要使用专业的科技名词。事实上，这些专业名词对科学家来说，就像简明英语对于普通读者一样，可以减少认知负担。如果你知道普朗克常数是什么，你马上就会理解这个词。

简明英语的目的，是让尽可能多的观众以最容易的方式理解你的话。简明英语通常使用常用词汇——然而即使是清楚的常用词汇也可能不准确。因此，使用简明英语并不只是简单地选用小词，或常用词汇，而是要选择能发挥作用的最简单的词。

这一点在实践中能带来巨大的好处。

第一，当写作的目的是交流，而不是表演时，应该能让别

人看懂。这意味着，读者中语言能力最低的那位也能看懂。英国读写能力基金会调查表明，英国成年人的平均阅读水平相当于 13 岁。美国的数据也类似。13 岁是平均水平——还差 3 年才到达离校年龄。因此，对我来说很清楚的一点就是，即使你的交流圈主要是白人白领世界，你也应该写得比你预想的要简单一点。

第二，不清楚的写作浪费时间与金钱。如果你在公共领域工作，人们能否使用公共服务取决于他们是否理解如何操作系统——这就意味着，使用说明需要非常清楚。如果你在私人领域工作，一封不清楚的邮件会引来无数误解和质疑的电话；如果你没有和商业伙伴说清楚你的条件，轻则丢掉信誉，重则引来诉讼。

不久前，我 3 岁的孩子得了结膜炎，我从药师那里买了一瓶爱滴氏眼药水。在包装的侧面，"剂量"一栏下面写着："两岁以上的儿童和成人——48 小时内每 2 小时滴 1 滴，之后每小时滴 4 滴／每 4 小时滴 1 滴。"是之后每小时 4 滴？还是每 4 小时 1 滴？这个句子的语法让我觉得是第一种。但常识来讲应该是第二种。我真的想要搞清楚，毕竟我要把这个东西滴入我那还在蹒跚学步的孩子的眼睛里。

最后一点，清楚、语法正确的句子能衬托出你的品格。人们会通过你的语言来评判你。当雇主收到一份简历、记者收到一份新闻稿，或同事收到一份备忘录时，如果这份文件缺乏说服力，存在大量重复、错误拼写或语法混乱的话，他或她就会小看你。你的读者一直都在寻找一个离开的理由。你的作品未必会赢得读者，反而会失去他们，让他们觉得你很难懂就是最"万无一失"的方法。

在这方面，写一串连续的文字，和分册出版杂志的方式差不多。你经常能在电视上看到它们的广告，例如，《黄金蒸汽时代的火车头》(*Locomotives of the Golden Age of Steam*) 的第一部分卖 1.5 美元，还附赠一个活页夹和封面同款的火车头玩具。它或许会卖出 10000 份。两周后，第二部分就会卖到 2.5 美元。读者受到活页夹的激励，就想全部收集！因此，那些喜欢第一部分的人还会再买。或许此时还有 7000 个读者。两周后，第三部分问世，再过两周，出版第四部分，以此类推。出版商最期待的就是低损耗率，但每出一册，你的读者就有可能觉得无聊、混乱，或觉得这个钱花得不值。当出到第十二部时，你希望还有一些读者仍和你一起——被产品的质量打动，受到收集癖好的驱动，或者感到已经投入了太多到这个系列当中。商业模式是留住读者，而不是增加读者。你的最后一本肯定不如第一本卖的多。读你文章后半部分的人总比读前半部分的人少。

这对作品的结构有所暗示。笼统地说，这意味着开头几句话真的非常重要：那就是你提供活页夹和封面模型的地方。然而，对作家来说，更基本的一点是，只有提供对得起读者付出的金钱的回报——打个比方——你才能留住尽可能多的读者。一个以最傻和最粗心的读者为目标的作家，一点儿也不傻。

我在上面提到过，平实的风格有许多检验方式。许多年来，大量的"可读性测试"开始流行，最出名的或许是 Flesch-Kincaid——它现在还附带许多文字处理器[①]。依据每个单词中的音节数量、每个句子中的单词数量，可读性测试能够评估文本的复杂程度。然而，它只针对美国在校生，对英语母语者没有帮助。分数越低，说明文本越好读：8 或 9 分表示一个普通的青少年可以读懂。

政客们本能地知道，简单的语言能够让更多人听懂。2015 年 10 月，《波士顿环球报》（The Boston Globe）用 Flesch-Kincaid 来测量美国总统竞选候选人的水平[②]。共和党候选人集中在 7 级中间。唐纳德·特朗普（Donald Trump）的评级仅为 4.1。我确定，他之所以会使用 3 个音节的"总统"一词，是因为他想不出其他的办法。连 9 岁的孩子都能听懂他的演讲。

用可读性作为计算一览表没什么坏处。如果你的句子平均下来超过 18 到 20 个词，你的单词平均下来超过 4 个音节，而别人的句子只有 10 个词，且每个词都只有 1 到 3 个音节，那么很有可能，你的文本读起来更棘手。但是这些测试从本质上来说是非常不可

---

① 在 www.checktext.org 网有这些测试的整合。

② https://www.bostonglobe.com/news/politics/2015/10/20/donaldtrump-and-ben carson-speak-grade-school-level-that-today-voterscan-quickly-grasp/LUCBY6uwQAxiLvvXbVTSUN/story.html

靠的。可读性的区别在于读者对某个单词的熟悉程度，而不是它有多少音节。而对于句子来说，句法结构比句子长短更能影响可读性。

换句话说，将这些评分视作一种指标即可。让文本具有可读性需要作者一句句的努力，而不能相信那些只会数音节的机器。在后面的章节中我会进一步详谈。

最后，我想说的是，简明英语能够帮助作者。读者搞不懂作者在说什么，这种情况我们都遇到过。但若是作家自己都搞不清楚自己在说什么呢？混乱的写作往往和混乱的思想如影随形。如果你能写出清晰的文字，大多数情况下那代表着你的想法很清晰。

切中要点

平实的风格不止一种。好的写作总会选择正确的语气。语气必须符合你的听众及当时的环境。即使在平实的风格中，你也要做出判断。你要采用嘲笑的、庆祝的、庄严的、嬉戏的、严肃的还是独断的语气？你想要取悦读者，还是想让他们明白你所言之物的重要性？

这在语言学上称为语域，在修辞学上称为得体。语言在特定使用环境下会发生变化。什么时间，说给谁听，谁会无意中听到，在什么语境下，这些因素都会影响到词汇、措辞、说话方式，甚至排版①。语域指的是你如何运用风格来确立你和读者的关系，并让读者知晓你的位置。

某种语域适合经理给员工写备忘录；某种适合朋友间写信；另一种适合给公共事业公司写投诉信。正式度的差异是语域之间最明显的区别，但它不是唯一的区别。一种真实的或暗含的权力关系往往掺杂其中，这或许会影响你造句。是以"我"的身份向"你"讲述"我们"，还是选择一种不那么私人的结构，"我觉得我们应该去做某事"。后一种方式表明，并不是"环境命令这个动作必须发生"。

实际上，违背了得体原则或语域，就是搞错了作者与读者之间的关系。读者会把你或他们自己放在一个不恰当的位置上。自大，就是个很明显的例子。自大会让读者觉得，你过分抬高了自己（尽管一个更自信的读者或许会有相反的判断：你自大是因为紧张）。自视高人一等就是在告诉读者，你瞧不上他们。其他语域上的错误——比如表现得过分熟络——即使你未必想表达夸赞或侮辱，它仍会赶走一部分读者。

当《办公室笑云》（The Office）里的大卫·布兰特告诉员工，不要只把他当成老板（"你不会拥有像我这样的老板"），而是当成"让人轻松的表演者"时，你就看到了违背语域的哑剧版

---

① 少年时，我给一位女孩写了一封信，当时我们正在闹分手。结果，虽然我谨慎地表达了我的感受和想法，但这并不重要。真正让她生气的是，那封信是用人工打字机写的。这是一次经验教训。

本。他很明显想表示友善，但是在那种情境下，他是在强调自己的老板身份，并或多或少地强制员工去喜欢他。他的老板身份被突出，但同时凸显的，还有他想要得到别人喜欢的可怜需求，以及措辞不当所导致的失败。

例如，本书的写作风格是对话式的，这是我刻意选择的策略。我希望以读者能够接受的方式，来讲述一些写作的技巧，也希望读者读起来愉悦。所以，我允许自己讲一些滑稽的笑话、私人的故事，选择一些好玩的例子，用一种非常不正式的方式直接与你们说话。20 年前，一本类似功能的书绝不会这样写。

这是一个普遍适用的改变。尤其是在社交媒体时代，大公司给顾客呈现的面貌——天真的、搞笑的、慈祥的——与 50 年前甚至十年前都大不相同。现在的银行想要扮演你的朋友——至少在签署那些真正定义了你们关系的合同之前。

在我的本行新闻业中，你总会在报纸的不同地方找到不同的语域。未署名的"领袖"所发表的观点要比有署名的观点专栏正式；与此同时，那些观点专栏也在改变。

2011 年，《泰晤士报》（The Times）的专栏作家，帕里斯·马修（Parris Mathew），写下了在媒体颁奖晚宴上获得年度专栏作家时的经历。按照惯例，他先礼貌地表达了自己的荣幸，提到了那些更应该得奖的人。之后，他写道：

> 我开始思考评委们引用的段落，我记得那是我精心写出

的一段优美散文，或者说，"漂亮"的散文之类的。

精心写出？漂亮？或许有时我会这样想——心情不错的时候。这是我的目标。我可以花好几个小时，就为写出一段正确的句子。我不停地变换单词，寻找合适的形容词，避免重复，思考恰当的、新颖的表达方式。

他继续写道：

这个过程很可爱，但是，所有的"优秀写作"，所有鼓吹英语传统的东西，或许正在没落。我们这一代仔细推敲的新闻专栏作家或许是最后一批这样做的人了。我不知道自己会不会感到遗憾。

帕里斯说道，在这样一个时代，评论在网络上以非正式的方式飞速地流传。一种新的文风正在诞生，并展示出自己的运作方式。

在需要观点、评判和反思的地方（它们永远被需要），读者会越发地想要和专栏作家站在一起，仿佛就站在作家的身边，感受作家的一言一行。作家的犹豫，内心的小笑话，他的玩笑和怀疑，他的暗示和三思——这些都将变成文章的一部分，被拿来解构、展示，这些将不再是历史的秘密。

　　这样的写作——我想强调的是——不会比我们这种专栏写作更浅显或更琐碎，但也不是不如我们聪明。这样的写作很轻巧，直接，坦诚，同时也会失去形式感，具有意识流的特点。在我们思考或说话时，能写下来的东西将会更多。

　　我觉得帕里斯先生说得太对了！ [①] 他提到了一些年轻同事的名字，认为他们是这类新型写作的典范。当今的新闻专栏作家，即使是在单面印刷的大幅报纸上，也或许会用"所以……"开头（这几乎成了一句陈词滥调）。他们也会用很多俚语来表达愤怒："嗯，对。""什么鬼？"（WTF?）不久前，在《伦敦标准晚报》（*The London Evening Standard*）的评论专栏中，我发现我请一名首相候选人"走开"（do one）。这或许太不正式了。

　　总的来说，写作交流正变得越来越私人化，更具对话性。上述改变就是其中一部分。一部分原因在于，正如帕里斯先生观察到的那样，每件事都变得太快了。我们喝酒的年纪越来越小，喜欢的作家也越来越年轻。

　　同时，在很大程度上也是因为新闻，甚至观点和营销的逻辑都是社会性的。我们通过社会媒体获得新闻，我们决定了社会如何看待它，而广告宣传者肩负着传播的任务，在新闻周围摇动着

---

① 但他也很狡猾。如果你能看到那篇专栏的语域，它更接近于他期待的那种多话的、犹豫的、意识流风格，而不像他哀叹的那种较为正式的风格。

藤蔓。所以，当你看到广为流传的《关于安格拉·默克尔的 27 个惊人事实——足以让你大吃一惊》这篇文章时，你很可能看不透它到底是一篇报道、评论、玩笑、页面一角的广告，还是这些东西的混合物，写出这篇文章的人并不在乎它究竟是什么。

你接触到它的方式是私人化的——或许是朋友分享的，或者是因为很多人已经分享或点赞，数据计算后向你呈现。这些东西之所以会流传，很大程度上依赖于它们的语气。

语域或许最能够影响我在"危害和陷阱"中讨论的问题。可以说，所谓的标准英语其实是一种书面性的方言，而正确性是这种方言的特征。得体，要求你在正式和半正式的交流中运用这种方言。如果学究们的错误在于将这种方言看作是唯一一种英语，那他们就和那些幼稚的相对主义者一样。后者认为"正确性"一点都不重要，语言怎么样使用都行。这一问题或许会随着时间改变，并存在灰色地带——但如果大多数的正式语言使用者都坚持某种惯例，那么我们有必要知道这惯例。

《标准英语》（*The King's English*）是金斯利·艾米斯（Kingsley Amis）所写的一部专著，它独具个人气质，并充满了作者的愤怒之情。在文中，作者明确却又模糊地提出了一个有用的区别（他的论文大部分是关于口语的，但其严肃程度同样适用于书面语）。这就是粗制滥造者和吹毛求疵者的区别：

> 粗制滥造的人粗心、粗俗、粗鲁，行为恶劣，所有人都

会觉得他们低人一等①。他们说起话来潦潦草草，总是漏掉 h 的发音，突然加入喉音停顿，语法上还有很多错误。如果把英语交给他们，那英语会因各种杂质而消亡，就像后期的拉丁语那样。

另一方面，吹毛求疵者：

一本正经，谨小慎微，认为这样能让自己高人一等。他们说起话来过于精准，像学究一样强调字母的发音，尤其是 h 的发音。把语言交给他们，英语就会因太纯洁而消亡，像中世纪时期的拉丁语一样。

可以说，好的作家的任务，是在两者中间寻找到合适的位置。

抽象 vs 具体

小说家大卫·福斯特·华莱士（David Foster Wallace）曾被问到关于"雅语"的问题，比如"prior to"（在……之前）和"subsequent to"（在……之后）。他回答说：

---

① 注意，在两个定义中，艾米斯都强调了社会和阶级问题在讨论语言准确性时的重要性（而不是用讽刺的口吻说"每个人都认为"）。

我很难从语法上分析你的问题。我觉得用"雅语"来形容它们，是一个过于慈善的方式。对我来说，它们就像是膨胀了的语言。用"utilise"来代替"use"，100 次中有 99 次都很傻。用四音节的"individual"代替"person"也一样。为什么要说"prior to"而不用"before"？每个人都知道"before"的意思，而且字母还少。我觉得从技术上来说，因为英语是以拉丁语为基础的，应该说成"posterior to"。因此，使用"prior to"和"subsequent to"实际上是高水平的语法混乱。但是你会想说"posterior to"吗？这就是关注雅语的缺点。你开始注意到那些说"at this time"而不说"now"的人。他们为什么要占用我生命中的三分之一秒，让我来理解"at this time"，而不简单说"now"呢？你开始觉得烦扰。但这样也让你在自己的写作中更加小心谨慎，你会因此成为优秀的写作者，而不是邪恶的代表。

我不确定"prior to"的来源是不是拉丁语——他提到这一点，说明他已陷入误区，认为词源决定了单词现在的含义——但是他的前提是可靠的。

然而，在一些专业场合，人们希望你使用那些外行听起来像是行话的词。如果你是银行家，向大众说起"信用违约互换"或"金边债券"，他们可能会一脸茫然；然而如果你向旁边的银行家解释这个词，他们不会感到受到了照顾。在这一领域内，那些专业词汇凭借着极少的音节，高效地传达了含义。

很多人或许很熟悉一个建议：让单词短一些，简单一些。词语长短之间的一个更有趣的区别——在简明英语的讨论中也是一个难题，如果你喜欢的话——就是抽象和具体词汇之间的区别。

请注意，抽象本身并不是一件坏事。恰恰相反，人类语言的进化，不论是儿童发展时期的语言，还是口语的细化或写作的历史，一直都是朝向更抽象的方向的。在这一过程中，我们从最初只能粗鲁地指向对面山上的可见物，发展到能够描述复杂的数学对象或伦理和本体论的理论等。

孩子们学习为客观事物命名——指着一个球说，"球"——之后才学会给想法命名。但是，很快他们就掌握了复杂的语法和微妙的时态，不仅能够讨论在场的客观事物，还能讨论不在场的、曾经在场的，或从不在场的事物，能够讨论这些事物之间的关系。

最早的写作形式是象形文字，即文字也是它所表示的物体的图像。随着它们变成惯例，图像越来越抽象。当它们开始代表声音而不是物体时，它们变得更加抽象了；字母表的发展连接了纸上的形象和其表示的单体。

所以，当我说抽象概念增加脑力负担时，你也可以反过来想。你可以说，随着我们的大脑越来越强，我们理解抽象概念也越来越容易。我们更有能力处理抽象概念了，这一能力给人类带来了巨大的好处。如果将文字想象成一个计算问题，那么这个问题并不在于完全去掉抽象概念，而在于合理地分配资源。

比如，汽车公司的驾驶员训练手册说道：

> 确保停靠在具有停靠条件的地方，并注意安全问题，给其他道路使用者、居民、法律法规和管理要求带来最低程度的干扰。

这几句可以修改为：

> 看准前方，检查后视镜，等等。

或者以英国新闻监管小组组长大卫·沃尔夫（David Wolfe）的话为例：

> 在我们第二次召集各组织提供信息之后，今年夏天，我们就许可证的各个方面进行了解释。如果这些解释在第二次召集时就说清楚，那么他们可能会提供额外的信息。

用已故的奥伯容·沃（Auberon Waugh）的话说："我以为我很了解英语，但是这些愚蠢的句子到底想要说什么？"

如果你能够具体地描绘事件，你就要具体地描绘。我们还会再谈到这一点，但是请牢记：动词越强，名词越具体，句子就会越有效，越直接。

3
基本要素

接下来的章节要介绍英文的基本工作原理，从说话的不同方面到让句子产生意义的语法和标点。其中包括很多你们已经知道的事，或者至少包括很多你们已经做过的事。但是，当汽车在高速公路发生故障时，对发动机工作原理的大致了解会帮助你处理问题；同样的，从技术上了解句子能够让你写好句子。

我并不假装会详尽所有问题[①]。我认同威廉·斯特伦克（William Strunk）的观点，他认为最好"只给出三条关于逗号的规则，不要再多了"，因为那三条规则足以囊括"20 个句子中的 19 个"。

但是讨论句子，还有点操之过急。让我们先从名词说起。

---

① 罗德尼·赫德尔斯顿（Rodney Huddleston）和杰弗里·K. 普勒姆编辑的《剑桥英语语法》（*The Cambridge Grammar of the English Language*），在这方面非常专业。那密密麻麻的 1842 页对非语言学家来说是个负担，它的宏伟对我床头柜的结构完整性是个威胁。

名词与代词

在小学，老师告诉我们，名词是表示事物的词：常见的客观物体（例如猫），人（唐纳德）；概念（反对政教分离主义），感受（悲伤）和情景（灾难）。这一点很有用。

然而，名词比上面说的要更模糊一点。真正让一个词成为名词的，是它在句子中的作用。"名词"，史蒂芬·平克曾说过让人印象深刻却毫无用处的话，"就是具有名词性质的词。"他继续提出了一些具有名词性质的事物，其中包括跟在冠词①后的词（"一只猫""这位唐纳德"），句子的主语（"这只猫坐在垫子上""这位唐纳德先生赢得了竞选"），诸如此类。

名词在句子中担任这样的角色是因为它能表达事物的含义，还是反过来？这或许是哲学家要讨论的问题。但是在解码句子方面，奇怪的是，是结构先行。你根据"脸面"在句子中的角色来判断它是名词还是动词，而不是由"脸面"的拼写方式决定。

名词主要分为两种。

专有名词

在某种语境下，有些名词只表示某个独一无二的事物——比如"胡里奥""透明胶带品牌 Sellotape""麦当娜"或"泰姬

---

① 比如"一个"（a 或 an）、"这个"（the）。

陵"①。名牌商标、人们的姓名、独特的建筑、行星、汽车名牌等都属于专有名词。大写字母让它们很容易辨识。

请注意我在上面说的："在某种语境下"。许多专有名词不止指示一件事。很多人都叫"胡里奥"；"Sellotape"可以是公司名、商标名，或透明胶带的品牌；"麦当娜"可以是流行歌手或上帝之母；"泰姬陵"可以是阿格拉的一座山或印度的饭店。但在一个特定的语境下，它们只能表示一个意思。

普通名词

脱离了上下文，它们在所有语境下都代表着一类事情，比如，"猫""才智""流行歌手"或"悲伤"。它们指示一些具有普遍性的事物。

然而，请注意我说的"脱离上下文"。许多普通名词也只代表一件事物。"这只猫吃掉了我的虎皮鹦鹉""他的聪明才智使他赢得了奖学金""那个流行歌手和弗兰克·扎帕二重唱""悲伤使他需要安慰者"。普通名词通常有限定词修饰——比如，"这""这个""我的"——使得它们在某种语境下更具体。形容词也有限定作用。事实上，当一个普通名词放在句子中时，可以

---

① 你或许会说，"泰姬陵"（The Taj Mahal）包含两个单词（再加上一个冠词），或者——举一个没有冠词的例子——"胡里奥·伊格莱西亚斯"（Julio Iglesias）是两个词。难道这样就使它们不是名词，而是名词组合或名词短语了吗？这就有些斤斤计较了。如果你想的话，可以对专有名词（一个词）和专有名词（两个词或以上）进行区分，但是它们的语法功能（充当名词）仍然是相同的。

和专有名词一样精确。

专有名词和普通名词之间的界限并不在于其单词本身。"寂静""无""数学"都是普通名词，理论上，它们指代的事情在所有地方都相同。尽管"马克思主义"表示一整套政治思想体系，但它仍是专有名词。而且，我们很乐意用复数形式表示它（Marxisms），这种用法也没有错。

因此，改编一下平克的话，普通名词就是具有普通名词性质的词（比如，能够和定语形容词或不定冠词搭配使用，有复数形式），专有名词就是具有专有名词性质的词（比如将高尔夫俱乐部名称的开头首字母大写）。

你经常会听到人们说，选词最重要的是准确。他们会抱怨有人用"不感兴趣"（uninterested）代替"冷漠的"（disinterested），或用"shall"来代替"will"（语法学家说 shall 用于第一人称，will 只用于第二、第三人称），因为两者之间是有区别的。的确，在很多情况下就是这样。

但是，如果你想想，在单独使用时，我们最有用的名词有多少本身的意思就含混不明，那么这些词汇的不准确性或许更为重要。一个绝对准确的世界将会是一个只有专有名词的世界。这会让交流无法实现，语言就会像一张 1∶1 的世界地图一样。

讨论单独的词语就像单独讨论一块乐高积木——意思并不在词语中。句子的意思由词语的含义、词语的角色和句子的语境构建而成。不知不觉中，读者的大脑在一眨眼间就完成了这件事。

说到语法，英语中的名词使用起来异常简单。它们占据了至少一半的总词汇，且不会发生变形①。大多数名词，通过添加"s"或"es"（如果单词结尾是"s"或"z"）来表示复数②，用"'s"来表示所有格。就这么简单。但也有一些例外。

抽象名词

像饶舌歌手哈默（MC Hammer）说的那样，你不能接触它。抽象名词指那些感官无法接触的事物，比如，"平和""愤怒""自由"和——极其讽刺——"物质"。它们大多数没有复数形式，不用冠词："屋子里的这些愤怒极易察觉""他狡猾地将一大把物质从车子的行李箱中拿出来"。

然而，我们会说"各种自由"或"长久的和平"，这应该怎么解释？你可以说，这些抽象名词被用来表示具体概念——就像你可以区分丰田汽车（专有名词，指汽车公司）和"一辆丰田汽车"（普通名词，指丰田公司生产的一辆汽车）一样。

---

① 即单词的形式不会发生变化来反映其语法功能。狗就是狗，不论它是在咬别人还是被咬。在英语中，语序或介词的使用决定了这一区分："这只狗咬了这个人。""这个人咬了这只狗。"这跟拉丁语、俄语、德语或原始印欧语系不同。这有好处（没有个案）也有坏处（只能由语序或者介词的使用来区分）。

② 我要感谢哈利·里奇的《本地人的英语》，他发现复数本身并不是一个简单的概念："英语将任何大于一的事情定为复数，例如，1.00001 公升（1.00001 litres）。然而在法语中，复数最少是 2（1.00001 litre，2 litres）。英语和法语都选择了单数＋复数这样的二元对立方式，但还有其他分类方式，其中最常见的是三分法：单数＋双数＋复数。"但我们暂且先不管这些。

我提出这一点，并不是想增加疑惑，或怎么着都行。我这么做，是想再次说明词汇意义和句法意义的区别。句法意义决定了单词在某语境下的含义。这意味着，至少在某种程度上，你不必担心，你的大脑会自动处理这些问题。

复数名词和不变名词

有些名词总是以复数形式出现，它们很容易理解。在合理的句子中加入复数名词就像穿一条裤腿那么简单；同样地，也像用剪子剪东西、精通算术，或晚上九点打开电视看晚间新闻那样自然。其中有些名词搭配复数动词（"your pants are on fire"，你的裤子着火了），有的采用单数动词（"no news is good news"，没有消息就是好消息）。语言不会半路和你搞恶作剧。

不变名词是指单复数形式一样的名词。"sheep"（羊）是个很好的例子。所以当你睡不着觉数羊时，你会说："一只羊，两只羊，三只羊，四只羊，五只羊……"①。它们对应的动词和限定词都是常规用法：一只羊跳过了（jumps over）围栏；五只羊跳过了（jump over）围栏。

---

① 如果是数小羔羊的话，你会说，"一只羔羊，两只羔羊，三只羔羊，四只羔羊，五只羔羊……"一不做，二不休。你如果正在吃羊，不变名词"羊"和有复数形式的"羔羊"都成了物质名词，要么是"羊肉"，要么是"羔羊肉"。语法上，它们都是一样的。

集体名词和物质名词

有些名词不指示一件事物，而是一类事物。当"一个谋杀者"指代一群乌鸦时①，就是集体名词。同样的，还有团队、政府、家庭、集会、观众、合唱队、暴动的人群，等等。关于集体名词应该采用单数还是复数动词的讨论十分激烈。"暴动的人群正（are）向城堡前进"，还是"暴动的人群正在（is）向城堡前进"？

一个得体的指导原则是看你的重点是什么。如果你将这一个群组看成许多个体的集合，那么有时你会用复数动词："我的家人们都是谋杀犯流氓。"如果你将它看作一个整体，那么动词要用单数："我的家庭是我保持理智的唯一原因。"通常情况下，单数动词更为正式，用"政府正在（is）"很少会出错。通常情况下，这也是最安全的用法。

但是使用复数动词并不是错的。 这是"概念一致"，而不是"正式协议"②：按照意义来组织语法，而不是将含义插入严格和不变的语法结构中，这一趋势让那些学究们感到困惑。之所以存在复数动词修饰单数名词"家庭"这种情况，是因为动词根据其先行词的含义决定，而不是语法上的数量。

物质名词，或不可数名词指示不可分割的物体：面粉、葡萄酒、黄油、浮游生物等。它们或许可以按照总量来分——"一磅

---

① 除非是你在谋杀一群乌鸦。但是你很可能做不到，因为动词"murder"是以人为对象的，除非你是狂热的动物保护爱好者，为了追求修辞效果而使用这个词。

② 如果你深究的话，也可以说"非成文造句法"。

面粉"——却不能按个数("两颗面粉""半个葡萄酒"①)。不可数名词与可数名词相反,可数名词可以数数量,而不能称重、用勺子盛或倾倒:你的桶里可以装有 25 个球,但这 25 个球加起来并不等于"一桶球"。

正如一些专有名词也有普通名词的用法,许多单词都可以作为可数名词和物质名词分别使用。"他整天都想着啤酒(beer)。晚上他出去买了 16 瓶啤酒(beers)。这些啤酒(beers)让他宿醉。啤酒(beer)毁了他。"

如果关于集体名词的讨论,就像我前面所说的,称得上是"火热",那么关于可数名词的讨论就是"杀气腾腾"了。可数名词是一个东西还是许多东西?封闭的语言学家的古老看法到处都是:比如超市里的"ten items or less"(仅剩不到十个)专区。原因在于"less"(少,指的是总量)用来形容不可数名词,而"fewer"(指的是个数)用来形容可数名词。

在标准英语中,这通常是一个很明显的区别。但这个问题并不是绝对的。可数、不可数名词的区别就和集体名词的动词用法的区别一样模棱两可。因此,"不到(less than)四个小时之后他起床了"是很通顺的——因为你用(可数的)小时来衡量(不可数的)时间。至少,如果你说"不到(fewer than)四个小时之后他醒来了",这听起来就很别扭。

---

① 当你用"面粉"来表示某一类面粉时,可以用"三种面粉"——纯面粉,全麦面粉,加拿大精粉或其他的——但在这里它的含义不同。再次声明,语境是关键。

这点和集体名词类似：你主要想说的是总量，还是组成集体的个体？"不到（less than）1000 个人参加示威游行"是可以的，"不到（fewer than）1000 个人参加示威游行"也可以。在后一种情况下，你强调的是单独的个体；而在前一句中，你强调的是游行的总体规模。

这证明了语言的可塑性。想想 agenda（议程）、data（数据）或 media（媒体）这样的词——这些词由拉丁语复数名词 agendum、datum 和 medium 转变而来，都变成了单数形式，大致也都搭配单数动词。从词源上来说，"议程"表示"需要做的事情"，但是拉丁语的单数在英语中已没有意义。从语法上来说，"议程"在英语中是单数可数名词："会议议程获得了（was ratified）董事会的批准。""数据"和"媒体"则略有不同。这两个词的单数形式在英语中仍然有含义："datum"在科学中有着更偏技术性的用法；"medium"（当指电视或收音机而不是一些吉卜赛商队中念念有词的江湖骗子时）还有极其广泛的应用。

但大多数情况下，我们将复数名词作为不可数名词使用。当你说到"媒体"时，你指的是整体的出版社、收音机和电视。当你说"大数据"时，你指的是一大堆东西而不是一堆大东西。而它们搭配单数动词使用都是惯用法。不要让我搞个投票。

代　词

代词是可以代替名词的词。我们经常会用到它们，因为它们能够避免重复，提高语言的经济性。当你介绍完一个概念时，不论它多么复杂，你可以用一个少到只有两个字母的代词来代替它。

以上面这一段落为例，3 个句子中用到了 8 个代词。如果没有代词的话，读起来会是这样的：

> 代词是可以代替名词的词。人们经常使用代词，因为代词能够避免重复，提高语言的经济性。当一个作家介绍一个概念时，无论这个概念有多复杂，一个作家都可以用一个两个字母的代词来代替这个概念。

代词有不同的种类。

人称代词指示人类：我（I），你（you），他（he），她（she），我们（we），他们（they）。它们可以直接代替名词或名词短语。代词"它"不常指示人类，但是用法是相同的。

物主代词：我的（mine），你的（your），他的（his），她的（hers），他们的（theirs）。

反身代词：我自己（myself），你自己（yourself），等等。当动词的主语和宾语相同（"我要杀了我自己"）或表示强调（"我本人杀了炸脖龙"）时，使用反身代词。

指示代词：这（this），那（that），这些（these），那些（those）。可以说，这些词让它们的先行词（代词所指代的词或短语）得到了注意。

关系代词：指内容（what），指某个事物（which），指某人的东西（whose），指某人（whom），指某个（that），等等。这些词可以引导定语从句，为先行词补充内容："这个可以用的引擎。"

疑问代词：什么（what），哪个（which），谁的（whose），是谁（whom），在哪（where）。这些代词引导问题。

你可能会发现，这些词形成了一个家庭。物主代词和反身代词是人称代词的变形，疑问代词和关系代词也密切相关。你可以说，它们一个提出问题，另一个解答问题："是谁杀了知更鸟？""那个杀了知更鸟的麻雀很快就承认了。"同样的，指示代词可以用作限定词："在烘烤那个蛋糕（that cake）前他没洗手。我不会吃它（that）。"

其他单词或短语有时也可用作代词。"彼此"（one another）和"相互"（each other）在诸如"我们彼此相爱"这样的短语中用作代词。"许多"（much）和"足够"（enough）在诸如"瓶子里剩得不多了"或"你得到的够多了"这样的短语中用作代词。这证明了语言的延展性。好消息是，作为一个英语母语者，你不必写出每一个代词。大多数情况下，你会自然而然地使用它们。

尽管代词很有用，它们也会带来问题。最主要的问题是"形式一致"问题。有些词类的用法根据个案而不同，代词就是残存之一。大多数名词的形式不会因为句子中角色的不同而变化。

"狗吃人""人吃狗"。就像我前面说过的，不论是狗止在吃人，还是人正在吃狗，"狗"和"人"的形式不变。代词就不一样了。"我咬了他"（I bite him）和"他咬了我"（He bites me）。

所以代词在句子中的形式要正确，这意味着要和先行词保持一致。一个单数的先行词要采用单数代词，复数先行词需要复数代词。

因此，

威利·旺卡乘坐他的（his）巨大玻璃电梯上升。

查理·毕奇和威利·旺卡乘坐他们的（their）巨大玻璃电梯上升。

当句子中要加入限定词时，事情就更微妙了。"每个"（each）和"每一个"（every）是单数，所以要用单数代词来代替它们限定的复数先行词。同样的，"两者都不"（neither ... nor）和"要么……要么……"（either ... or）也是如此。

爸爸们和孩子们（The fathers and sons）穿着他们的（their）僵尸服去玩"不给糖就捣乱"。

每个父亲和孩子（Each father and son）穿上他的（his）僵尸服去玩"不给糖就捣乱"。

每一个父亲和孩子（Every father and son）穿上他的（his）

僵尸服去玩"不给糖就捣乱"。

父亲和孩子都没有（Neither father nor son）得到他（he）想要的糖。

关于人称代词和关系代词的讨论一直是学究们的天堂，因此这一问题我会在"风险和陷阱"一章中更细致地讨论。值得说明的是，关于两性或性别中立的代词的讨论一直存在。当你不想说明一个人的性别时，应该怎么说？长期以来，"他"被用作通用代词，人们对此没有异议。当指代两种性别的学生时，高校管理人员或许会写：

每个学生都应该带他的课本来上课。

近些年来，女权主义者合理地指出，将男性代词作为通用代词，是在语言上灌输男权思想。

人们提出了各种解决方法。其中一个方法，也是我在本书中尽可能多地使用的方法，是：

每个学生都应该带他或她的课本来上课。

这样的好处是中立性（你或许会坚持一般情况下使用"她或他"，尽管这在我听起来过分笨拙），但会让句子变得复杂而笨拙。在写更长的作品时，有些作家会每章变换使用男性和女性代名词。例如，在史蒂芬·平克的《风格感觉》中，他的想象读者在前一章是女性，后一章是男性。

另一个常用的解决方法是使用代词的复数形式：

> 每个学生都应该带他们的课本来上课。

如果单数"学生"和复数"他们"因为挨得近而听起来很奇怪的话，你可以试着用一个并列句：

> 如果有学生上课不带课本，他们将被送回家。

或者你可以写一个复数句子：

> 所有学生都必须带他们的课本来上课。

你或者可以改成第二人称（在我们这个语境下）：

> 如果你是一名学生，你应该带你的课本来上课。

我担心，性别代词将仍是一个问题。就像写作中的其他问题一样，没有一个最理想的解决方式。你只能修改、调整、用耳朵来感觉、考虑观众，看哪样最合适。

形容词和副词

再次回到我们的小学课堂上，形容词和副词属于"描述性词汇"。正如我上面写到的，名词——尤其是最常用的那些——似乎非常模糊。单独一个"猫"可以指任何一个东西，从狮子到有两条龙骨的船。"描述性词汇"可以让指涉范围缩小。形容词能够修饰或描述名词和名词词组；副词能够限定或描述动词、动词词组和形容词，有时也能修饰其他副词。

因此，形容词"疯狂的"带给我们一只疯狂的猫和生命中一段疯狂的时光。

副词"疯狂地"让我们疯狂地喊叫、疯狂地开车，还能让某人在人行横道上疯狂地大叫。

形容词或副词有时也会发挥语法功能，而不是专门修饰某些单词。"黄色的"在词典中是形容词。但在特定的情况下，像"巴雷特"或"淋浴"这样的名词可以用作形容词（例如"巴雷特家族"或"淋浴帘"）——这时它们被称为"名词性修饰成分"。相似地，当某物"击中要害"（hits home）时，"要害"（home）就是一个副词而不是名词（该词通常情况下的职能）或动词（对鸽子来说）。

形容词

根据处于句子中位置的不同，形容词主要分为两种。当它们紧挨被修饰词时，我们称其为定语："这个黄色的窗帘。""这位贪婪的银行家。"[①] 当形容词出现在名词后面，用动词"to be"或其他表达变化含义的动词时，它们就是表语："我很伤心。""他淋湿了。""她变得让人无法容忍。"

大多数形容词都可以放在这两个位置，但有一些形容词只能做表语。这类词大多以 a 开头。例如，你可以说"my mother is awake"（我妈妈醒了），但是你不能说"my awake mother"（我醒来的妈妈）[②]。你可以说，"my mother is asleep"（我的妈妈在睡觉），但不能说"my asleep mother"（我正在睡觉的妈妈）[③]。还有更少一部分形容词只能用作定语。你可以说"a mere trifle"（一件小事）而不能说"this trifle is mere"（这件事很小）；可以说"my elder brother"（我的哥哥）而不能说"my brother, who is elder"（我的哥哥，比我大的那个人）。在这些例子中，你的耳朵是最好的导师。对于任何一个英语母语者来说，当这些单词出现在错误的地方时，听起来会特别奇怪。

但不论形容词在什么位置，它们有一样特性保持不变：它们

---

① 你可以将"这个"或"这位"看作限定词，将这些形容词钉在所修饰的名词上。

② 按照美国英语的惯用法，形容词"醒了的"被用来表示"政治上觉醒"时，也可以用作定语，比如"在'黑人的命也是命'运动中清醒的朋友们"。

③ 同样，一件怪事——你可以说"我半睡半醒的妈妈"（"my half-asleep mother"）。

不会因为语境或数量而发生变形。

它们唯一会发生变化的情况就是比较级或最高级。在这些情况下，要么加上"更"或"最"，要么进行简单、常规的变形：他是一个聪明的男孩；他比朋友们聪明；他是班上最聪明的男孩。这些变形很直接，一些不规则变形除外。然而，那些你也都很熟悉。

好，更好，最好（good, better, best）

差，更差，最差（bad/ill, worse, worst）

少，更少，最少（little, less, least）

老，更老，最老（old, elder/older, eldest/oldest）

多，更多，最多（much/many, more, most）

远，更远，最远（far, farther/further, furthest）

当你因形容词而困扰时，很有可能是遇上了这种变形。有些单词不用"-er"或"-est"来表示比较级和最高级，尤其是那些三个音节以上的词（有时候也有例外）。一个犹太人不可能比另一个人"orthodoxer"（更正统）[①]。电影版《达·芬奇密码》（*The Da Vinci Code*）的对白不可能比书中的"banaller"（更乏味）[②]。让我再重复一遍，用你的耳朵去听，你会直接得到正确答案。用"more"（更）或"most"（最）代替。

---

① 形容词，比较级，最高级分别是：observant, orthodox, frum。

② 即使你想做也做不到。

然后，应避免那些看起来是同类反复的情况——即，将不变形的比较级写成"more"或"most"形式："我屋里有一辆更更大的（more bigger）的拖拉机。"我们有许多先前的惯用法，滑稽语和方言——斯派克·李（Spike Lee）制作了一部名为《爵士风情》（Mo' Better Blues）的电影——但这些在标准书面语中都站不住脚。

当只比较两个事物时可以用最高级吗？一丝不苟的人会说不可以。但我们确实会说"两个世界中最好的那个"。然而，在非惯用语情况下，用比较级更安全。"在我会说的两种语言，即俄语和英语中，我的英语说得更好。"这是要注意的一点。

最后，人们总是抱怨——类似于用"less"来修饰可数名词的争吵——一个绝对的形容词不能用来比较。例如，西蒙·赫弗在《只是英语》（Simply English）中合理地指出，"在两个人都死了的时候，其中一个不可能比另一个'更死'，如果三个人死了，其中不可能有'最死了的'那一个。"

同样地，至少在逻辑上，人可以是"怀孕的"，但不能是"更怀孕的"：人要么怀孕了，要么没怀孕。但是"她怀孕了"是个惯用语，用来形容女同事，当她走进办公室、好像肚子里有一辆公共汽车时。当比较形式和所谓的"绝对形容词"（"完美的""无限的""完全的"，等等）连用时，作者并不是想表达严格意义上的比较，而是一般意义上的强调或加强。美国宪法序文中"更完美的结合"并不是语法错误——这是一句抑扬顿挫的习语。

英语中让人奇怪的一点是，形容词的使用有某种顺序规则。就像大部分的实际语法规则，学究们通常不考虑这一点，因为英语母语者肯定不会用错。如果一个名词有多于一个的形容词修饰，它们要根据意思进行排序。

这个顺序是这样的（并不会一成不变）：一般观点，特殊观点、年龄、大小、外形、颜色、来源、材料、目的。比如：

> 印第安纳·琼斯闯入地下空间，发现了一个奇怪的、让人激动的、有着上千年历史的、四十脚的、环形的、黄色的、阿兹特克大理石色情立体模型。

我说过，这个顺序并不是一成不变的。尤其是形容年龄、大小、外形的词有时会根据习惯或重点改变顺序："一个很高的年轻人""一只巨大的老鲶鱼""一块古老的矩形石头"。作为英语母语者，你应该相信自己的耳朵，让它做向导。你不会听到一群小学生们唱着"一台红色的巨大的联合收割机"，或者"一台联合的巨大的红色的收割机"。

大多数写作建议说，你应该少用形容词。如果你能够巧妙地挑选形容词，再巧妙地挑选名词，那么你怎么做都行。你要通过名词短语传达很多意思，正确的名词应该传递大部分内容，而限定词应该让它更精确。但如果你用4到5个词来传达相同的意思，读者的认知负担将会增加，句子的节奏也受影响。你或许需要找一种更加直接的方法。

举一个很搞笑的例子，你可以形容一个东西是"覆盖着毛皮的、有弹性的、黄绿色的、一个拳头大小的球体"，但其实"网球"两个字就够了，除非你是以火星人的视角来描述。因为形容词从本质上来说是静态的——他们描述某事"是"什么样的，这让句子缺少动作。

已故的报刊专栏作家琳达·李-波特（Linda Lee-Potter）很喜欢写长长的形容词句子，这是她风格的典型特征。我随意在她以前的专栏里挑了一篇，发现她抱怨英国军队"不仅因为敌军的攻击而面临死亡，也因为自身粗劣的装备，和吝啬的、灾难性的政府计划。现在人们意识到这些计划是鬼鬼祟祟的、混乱的、匆忙的、不诚实的。"我想说，用五个形容词来修饰"计划"实在是太多了。"鬼鬼祟祟的"和"不诚实的"句意重复，使得其中一个很多余；"混乱的"和"匆忙的"也是这样。"灾难性的"——在一开始很有力量，很不错——但是在句子结束时，这个词的必要性就不存在了。这个句子的名词"计划"变成了它的反面意思（即便我猜想这在某种程度上是作者的意图）。要理解琳达这句话的意思并不难，但她让读者围着房子瞎逛了一圈。

最重要的是，注意那些自动占有了名词的形容词：你是在意义上修饰名词，还是为了组成一个固定词组？例如，在新闻业，争吵总是"激烈的"，U形转弯总是"耻辱的"，真相总是"爆炸性的"，教训总是"有益的"，内战总是"血腥的"。你或许会认为这些并不是用来修饰名词的形容词，而是紧密结合在一起的名词。

副　词

副词的形成方式是在形容词词尾加 ly①。然而，这不是唯一的方式。所谓的"单纯形副词"——形容词和副词的形式一样——在各种方言和非正式用法中很常见。当鲍勃·迪伦（Bob Dylan）1966 年在曼彻斯特表演电子乐而被谴责是"犹大"时，他告诉乐队："大声地演奏。"（Play really fucking loud.）他做得很好。

标准英语中也包含很多不以 ly 结尾的副词，其中包括"非常地"（当作形容词时），"遥远地""快速地""直接地""首先"，等等。副词们可以很狡猾。很多副词的含义不仅根据是否是"单纯形"而改变，也根据在句法中的位置而改变。一个老生常谈的区别是，"working hard"（努力工作）和"hardly working"（几乎不工作）。伯强格斯先生，老歌中唱道，"jumps so high"（跳得这么高）。显然，他是一个很有成就的舞者；歌手们都很推崇他（thinks of him highly）。

大多数副词用"更"或"最"组成比较级或最高级，比如，"在我说我带了唐纳德去泳池派对后，她对我说话的态度更冷淡（more coldly）了。"但一些单音节或双音节的副词用"-er"或"-est"，和

---

① 但 -ly 并不是绝对可靠的副词标志，有些形容词也以 -ly 结尾：一只笨（silly）鹅，长相清秀（comely）的少女。

形容词一样："她挣脱了唐纳德，因为她游得最快（fastest）。"

克伦威尔的一所写作学校建议，你应该完全省掉副词。斯蒂芬·金（Stephen King）曾公开说过，"通往地狱的路铺满了副词。"埃尔默·伦纳德（Elmore Leonard）将用副词修饰动词"说"视为"弥天大罪"；他还在括号中补充说，他认为"几乎所有情况下"使用副词都是"弥天大罪"。

他们的想法是，副词会让句子变得混乱，会榨干动词的活力。和形容词一样，这里不乏道理。惊悚小说作家，比如埃尔默·伦纳德或斯蒂芬·金深切地感受到这一点：在任何句子中，动词是行动发生的地方，惊悚小说作家所写的一切都是关于动作的。如果你的动词必须伴随着为之辩护的修饰词一起，或许你一开始就选错了动词。

然而，另一方面，伟大的上帝如果不想让我们时不时地使用副词，就不会给予我们副词。副词在语言中存留了下来，是因为它们有所用处。

奥登（Auden）的美丽诗篇《罗马的灭亡》是这样结尾的：

> 全都在别处，大群
>
> 大群的驯鹿穿越
>
> 绵延数里的金色苔藓，
>
> 无声而又快速。

即使你用红线标出最后一行，也一无所获。如果你将修饰词去掉，你会得到"在别处，成群的驯鹿穿过绵延数里的苔藓。"这对处于紧要关头的大卫·爱登堡（David Attenborough）或许有用，但对奥登却不是这样。

就像你应该注意那些极易和名词一起出现的形容词，试着不要写出徒有副词修饰的空句子。如果你只是习惯性地用"真地""非常地""绝对地""相当""极度地"等词来修饰形容词，你将付出"收益递减"的代价。同时，留心那些表示辩论中常用的副词："可论证地""有可能地""相当地"（另一种含义），"有一点"，等等。

我们可以理解奥登使用的"快速"（very fast），因为：a）它确实有某种力量，b）在阅读中我们对这个短语一扫而过。

动　词

在小学的解释中，动词是"动作词"。如果你想形容某物在跑、在跳、在叫、在击打或爆炸，你需要的是动词。动词也可以表示不那么刺激的状态，比如存在、忍耐、反省、闭嘴和一动不动地坐着。

不只人和有生命的物体可以作动词的主语：一辆汽车在飞驰，关节在跳动，一个标题说道，一支箭射中目标，一颗手榴弹爆炸，一个从句存在于句子中，一块岩石在忍耐，一面镜子反射，一扇门关上，一把椅子一动不动地坐着。现在想想，我那个机动部队玩具比任何跑-跳-爆炸的时刻都要更真实地存在着、忍耐着、反射着、喊叫着、一动不动地坐着。

因此，有些动词不表示动作，它们可以表示一种存在的状态[①]或某种事件；但如果没有动词，就没办法表示动作。动词让从句或句子组合起来，它让句子的各部分按时间顺序排列，协调各个名词之间的关系。因此，即使动词中还包括那些不表示动态的词，但它们也是让动作发生的词。

是不是每个句子都需要一个主动词？不。是不是大多数都需要？是的。

语 态

语言学家用语态来表示动词和主语 / 宾语的连接方式。换句话说，动词的主语是正在做某事，还是被做某事？

主动语态：

每个人都喜欢英国烘焙大赛。

被动语态：

---

① 比如系动词，像 "be" "seem" 或 "become"，它们不表示动作，而是将主语和描述主语的 "主语补语"（要么是名词，要么是形容词）连接起来。水是静止的" "她是一名私家侦探" "他看上去不高兴" "食物烂掉了"。

英国烘焙大赛被大家喜爱。

在不确定的情况下，有一个小窍门可以用来识别被动语态；据我所知，这个窍门是美国学者丽贝卡·约翰逊提出的：试着在动词后面加上"由僵尸们……"（by zombies）。如果这个句子行得通，这就是一个被动语态。

"每个人都爱（由僵尸们）美国达人秀"（Everyone loves by zombies *America's Got Talent*）不是英语。"美国达人秀被喜爱（由僵尸们）"（*America's Got Talent* is loved by zombies）不仅语法上没有问题，内容也是真实的。

一个最古老、最长久的写作建议是：你应该多使用主动语态，少用被动语态；或者极端点，你应该避免使用被动语态。

这真是胡说。如果被动语态没有价值的话，就不会在语言中存活下来。首先，当动作发出者不明确，或作者想重点强调主语时，被动语态就很有用。任何一篇得体的新闻报道都不会这样写："某人昨天在沃克斯豪尔的俱乐部外刺伤了一位男子。"人们更倾向于这样写："昨天，一位男子在沃克斯豪尔的俱乐部外被刺伤。"主动语态的结构实际上使句子更冗长了，因为你需要添加主语，在这种没有主语的情况下，你被迫加入"某人"。

被动语态看起来不实用的一个原因在于，它们在主语和动词之间添加了额外一层抽象关系，尤其是包含施动者的情况下。为了表示施动者，你总要在句子中加入一个助动词和虚词"by"

（比如"by zombies"）。

"约翰·F. 肯尼迪被枪击中"（John F. Kennedy was shot），这个可以。

"李·哈维·奥斯瓦尔德射中了约翰·F. 肯尼迪"（Lee Harvey Oswald shot John F. Kennedy），这样也可以。

"约翰·F. 肯尼迪被李·哈维·奥斯瓦尔德射中"（John F. Kennedy was shot by Lee Harvey Oswald），这样就很笨拙了。这个句子和第二个句子提供的信息是一样的，但是却添加了两个额外的单词，并且听起来好像倒叙。

因此，你应该遵从简洁和清晰的原则，而不是习惯性地不用被动语态。如果主动语态会使句子冗长，那就用被动语态。然而，大多数情况下是被动语态让句子更复杂；或者可以说，被动语态会让句子被变得更复杂。

被动语态的另一个问题是，因为可以不写出施动者，所以适合表示委婉的话。政客们会说"错误已经铸成了"，而不追究到底是谁造成了错误；这时往往和人称代词一起出现。

"我对英国家居百货的养老基金赤字深表遗憾。""我们对英国家居百货的养老基金赤字深表遗憾。""公司对英国家居百货的养老基金赤字深表遗憾。""英国家居百货的养老基金赤字让人感到遗憾。"在这些版本中，犯罪者一步步远离了犯罪现场。

同样地，市政当局和公共机关经常使用被动语态来表示一种客观的、非针对个人的权威。"顾客被要求归还眼镜至吧台。""在草坪上走路是被禁止的。"

不要害怕说"我""我们"或"你们"。你的交流大部分都是个人化的。大量的官方用语——我们觉得让自己身处场景之外会显得更专业——都以第三人称、抽象用语或被动语态结尾。

卡姆登议会绿地改造工程的实施有望在三周后开始。

这里，主语是抽象名词（"实施"），主要动词是被动语态（有望，"is expected"）。但是"有望"在这里不是重点，重点是"开始"。"工程"也不是重点，重点是"绿地"。因此，这句话想说的大致就是："我们将在三周后开始建造新公园。"

此事是什么时候发生的？是否经常发生？是否本应发生？

语言学家用"时态""体态"和"语气"来描述上述问题。动词发生变化的情况如下：

1. 说话者所描述的事是何时发生的（时态）

2. 动作的性质——是习惯性的还是偶尔发生的，已完成还是正在进行（体态）

3. 说话的态度是怎样的——命令、希望、允诺、后悔，等等（语气）

英语的词尾变化很小。大多数动词都有一般现在式（blow）、一般过去式（blew）和进行式（blowing），一些不规则动词，比如 blow，过去分词（blown）的形式与过去式不同。动词不定式是在一般现在式前面加个 to。大多数情况下，其他含义就由助动词来完成了：用 to have 或 to be 来表示过去，用 will 或 shall 表示未来。

首先，让我们来看看各种时态和体态结合的情况。动词的形式会告诉我们，此事是已发生还是将要发生，是曾经发生过一次、几次还是仍在发生着。让我们选一个在时态-体态中很好用的动词做例子。

一般现在时：我喝（I drink）

这可以表示单次动作或习惯性动作。你是否正在写那些糟糕的现在时态小说？"我走进咖啡馆。绝望的阴影笼罩着我。我喝了一瓶宾果橙汁。"或者你是否正在向医生汇报情况？"是的，我在喝橙汁。如果你正在写一章关于英语动词的书，你也会喝。"

现在进行时：我正在喝（I am drinking）

这个时态用来表示一个动作已经开始，至今还在进行中，或者此时此刻正在发生："我正在喝酒。你想和我一起吗？"同时，按照习惯性用法，这也可以表示某事将来会发

生："随后我会在鸡舍下喝法国绿茴香酒。让我们痛快地玩
一夜！"

一般过去时：我曾喝 (I drank)

这要么表示动作在过去发生过一次，或在过去一段时间
内经常发生，但现在已经不会发生了。"我曾喝过一杯水。"
"在我青少年时期到二十岁出头时，我经常喝酒。直到后来
基督进入了我的生活。"

过去进行时：我过去正在喝 (I was drinking)

这表示动作在过去的某一时间开始，延续了一段时间，
现在已经结束了。它经常被用来设置场景，安排一个干扰动
作。"那时，我正在喝柠檬杜松子酒时，牧师来了。"

现在完成时：我已经喝了 (I have drunk)

说英语的人凭直觉来使用现在完成时，但是正如哈
利·里奇在《本地人的英语》中警告的那样，现在完成时
"让非英语母语者（EFL[①]）感到疑惑。让他们每个人都感到
疑惑"。现在完成时难以捉摸，因为它可以表示很多不同的
事情。它可以表示某动作从过去开始并一直延续到现在：

---

① English as a Foreign Language，即从小到大说另一种语言，但正在学习英语的
学生。

"自从我开始和法国女孩约会以来，就不停地喝橘味白酒。"或者表示已完成的动作，它发生在一段持续的时间内——比如"今天""这周"或"一生"："因为他一直吃着蜜样甘露，一直饮着天堂的琼浆仙乳。"① 也可以表示一个最近刚结束的动作，其结果或影响仍然存在。用威廉·卡洛斯·威廉斯（William Carlos Williams）的话说："我已经喝了/冰箱里的/特色啤酒//那或许/是你留着/当早餐的//原谅我/它太美味了/那么甜/那么冰爽。"

现在完成进行时：我一直在喝 (I have been drinking)

这一时态和现在完成时有所重叠，但更强调持续性："我从七点开始就在喝布克法斯特酒"，或刚刚完成的动作："你为什么要发出那样的噪声？我刚喝了一口龙舌兰酒。"

过去完成时：我喝完了 (I had drunk)

在这里，时间线上多了一个节点。过去完成时用来表示过去的过去发生的事。"在喝主人的威士忌之前，我已经喝了一大瓶红葡萄酒。"时间线上有三个点：喝红葡萄酒的时间，

---

① 为了更清楚地说明，我举一个反例：如果动作发生的时间段已结束，那么你应该用一般过去时。你可以说"他今天已经喝了14品脱"，而不能说"他昨天已经喝了14品脱"。这点同样适用于一生的时间。你可以说"我一直吸鸦片"，但不能说"塞缪尔·泰勒·柯勒律治一直吸鸦片。"在使用现在完成时动词的从句中，其主语可以穿格子衫、讲故事或做动作，但死去的人是做不到这些的。

喝威士忌的时间，以及说话人此刻正经历难言的后果的时间。这个例子很可怕，但句子结构非常有效。如果没有过去完成时，我们就会为了区分过去的多个时间点而陷入纠葛。

过去完成进行时：过去我一直在喝 (I had been drinking)

与过去完成时具有同样的三个节点，但是过去完成进行时——就像现在完成进行时那样——强调动作是一直进行或刚刚完成的。"当柯利加入时，我已经喝了三个小时的酒。""我过去一直在喝酒，但是我从未想着骑自行车回家。"

一般将来时：我将要喝 (I will drink/I shall drink)

到将来时态这一步，我们差不多就要走出丛林了。再也没有三个时间点的结构了。然而，一直以来关于 will 和 shall 区别的激烈争议，至少值得一提。它们的使用和你的意图有关。

如果你只是知道动作将要发生，那么就用 shall 来搭配第一人称，用 will 来搭配二三人称；但如果你想表达决心，那就第一人称用 will，二三人称用 shall。

在实践中，两者的区分已经瓦解了，只在日常用法中有些许残余。"我要（will）去酒馆"和"我要（shall）去酒馆"，如果没有特殊强调的话，这两句话表达的意思是一样的——除非后者带着一丝刻意的语气。如果你想强调的是传统用法，那么"我要（will）去酒馆（即使你不让我去）"就是对的，而"我要（shall）去酒馆"就是错的。二三人称的例子是："辛度瑞拉，你要（shall）去参加舞会！"或者用《巨蟒与圣杯》（*Monty Python and the Holy Grail*）中时运不济的黑骑士的话说，"此处无人能（shall）过。"这两个例子都表达了决心，而 will 放在这里则无法表达：用 will 听起来像一种预测，而不表达目的。

但这些例子都不常见。虽然通常情况下都使用 will，但是了解使用规则还是值得的。那些在写作中用 shall 的人，有可能听起来很做作；说话也是一样的。带有意图的第一人称提问是个例外："我们去（shall）喝杯茶怎么样？"

将来进行时：我将要一直喝（I will be drinking/ I'm going to be drinking）

这种时态和体态的组合带有中立性：表明在未来某个具体的时间点，某事将正在发生，带有一点必然性："今晚我将在秃顶鹿酒馆喝酒。"或按照《快速表演》（*The Fast Show*）中乡巴佬杰西的话来说："这一季，大部分情况下我将一直在喝……苹果烈酒。"

将来完成时：我将已喝完（I will have drunk）

这种情况涉及心灵的时间旅行。它表示——未来时态、完成体态——从未来的角度看一个已经完成的动作。"到关门的时候，我将会已经喝完一加仑的强弓苹果酒，并还想再来一点。"

将来完成进行时：我将一直喝 (I will have been drinking)

和将来完成时一样，这里涉及同样的结构调整，只是换成了进行体态。在你审视这个动作的时刻，动作仍在进行，或者刚刚完成："我将会喝几个小时的强弓酒，老板希望我赶快回家。"

以上就是时态和体态。现在让我们再引入语气。就像我前面说的，语气描述了动词的风味。是确定已经发生过、确定没有发生过、在某种情况下不会发生、或许正在发生，还是应该发生？

当你听到人们谈论条件句、虚拟语气、祈使语气、疑问语气或陈述语气时，这些都是语法上的语气。陈述语气很直接，就像它的名字一样，陈述真实的事情；祈使语气表示命令；条件句表示某事根据特定的情况，可能发生也可能不发生；虚拟语气（只在英语中还存在）指的是想象中的情况或事件，用来表达愿望或请求。

两种主要情态是认知型和道义型。认知型表示说话者的认知状态。道义型与可能性、应允、建议、欲望或义务相关。

这一点用例子很容易说明：

认知型情态：乔·斯特鲁默是曾经反对这一法案，还是计划反对这一法案？

他反对这一法案。（陈述语气）

他或许会反对这一法案。

他有可能反对这一法案。

如果条件到了，他会反对这一法案的。（条件句）

他一定曾经反对这一法案过。（即，从他额头的汗水和打碎的石头来判断。）

道义型情态：他能否反对这一法案？他是否应该反对这一法案？我们试图劝说他。

要是他能反对这一法案就好了！（虚拟语气）

他能够反对这一法案。

他或许会反对这一法案。

他可以反对这一法案。

他应该反对这一法案。

他理应反对这一法案。

他必须反对这一法案。

反对这一法案！（祈使句）

这样我们就明白了。让人高兴的是，英语母语者自然而然地运用它们。你在认知型和道义型情态的丛林中熟练地行走，甚至都没有意识到自己的能力。但是，认知型情态值得我们特别关注。例如，某些动词本身就带有情态。所以，"知道""想到"或"怀疑"的认知型力度不一样；一些关于意识、说话或思考的动词会将你带到特殊的情景中。任何对诽谤法或行为礼仪有所关注的人，都应该小心这一点。在"危险和陷阱"一章中，拒绝与否认之间的区别就在于此。

选择动词

当你选择动词时，一个常见的建议是：选择具体的、主动的、陈述语气的动词。这是对的。的确，除了陈述语气，在其他语气中你很难写出一大串动词。海军教练或许会使用一长串命令语气词，但一个写文章或给公司写备忘录的人不会这样做。

然而，你要小心，动词不要累赘。比如不使用"head"而使用"head it up"；不使用"start"而使用"roll it out"；不使用"evaluate"而使用"conduct a evaluation"。不够自信的作家经常试图用做作的动词词组来代替更简单的动词，或使动词名词化 [1]（即用动名词的形式表示某动作，用"take delivery of"来代替"receive"）。你或许会觉得，这样能让句子更宏伟、更高级。然而动词短语的节奏或许很吸引人，但是它们也会引起词义的模糊。

---

[1] 可参见"危险与陷阱"一章中的"动词名词化；名词动词化"。

尤其是对那些英语并非母语的人来说，动词短语是很难理解的。正如我们都喜欢的盎格鲁 – 撒克逊语，它本应很简单，但事实上几乎和复杂的拉丁短语差不多。因为，这些更简单的单词已经延伸出一整套习惯性短语用法。例如，put up, put in, put out, put down，put off，put back, put forward 和 put on 都有不同的意思，而且这些含义之间没有什么关系。你或许要申请（put in）就职，从汽车后座中出来（put out）。put forward 和 put forth 也不是同一件事——一棵植物或许会长出（put forth）叶子，一个人或许会提出（put forward）一项提议。很多动词短语的意思会根据语境发生变化：我或许特别不擅长搭（put up）书架；我的妻子虽然想要雇用专业人员来纠正我，但最后她有可能亲自动手（put up）。

名词化是指用一堆名词、介词和弱势或辅助动词来取代简单的主要动词。毕竟，每将一个动词转化为名词，你就需要再找一个"新鲜的"动词，而那个"新鲜"的动词很有可能不够鲜。如果你句子中的所有动作——也就是动词——都融入一堆名词中，你就会发现自己的句子又长又臭，由 to be 或 to have 引领。

举一个讽刺的商业谈判例子。"I have had sight of your letter of the 20th."（我看到了你 20 号写的信。）这个句子将动词"to see"变成了名词，主动词变成了"to have"。"I saw"只有两个词，而"I have had sight of"有五个词。虽然并不难理解，但是后一种方式更烦琐，华而不实。

我的想法是，应该与客户进行一次协商。

My thinking is that a consultation should be undertaken with the clients.

更直接的说法是：

我想我们应该和客户协商。

I think we should consult the clients.

上述这些，并不是说 to be 和 to have 是错的。"他是个傻瓜"（He is an idiot）是一个有力又简单的句子。同样地，"他有枪!"（'He has a gun!'）也是能最快清空宾馆大厅的句子。但是不分场合地用名词来表示动词这个习惯应该避免。

建构句子

我们已经把语言中最主要的部分都浏览了一遍，现在让我们来看看，如何将这些部分组合起来，写出有意义的句子。

大多数人凭直觉认为，写作的基本单位是句子。但是如何定义句子并没有那么简单。在书面语中，一个比较简单的定义是：句子是以大写字母开头、以句号或相关标点符号——问号、感叹号、省略号等——结尾的结构。这个定义的问题在于，它是一个运用拼写和标点，将口语语法转化到纸面上的公约。

一个更好的定义是：句子是一个意思自足的结构，它包含一个或多个**子句**。子句是意义的基本单位，它相当于一个句块，包含一个**主语**和一个**谓语**。

主语是名词（"一只猫"），或名词短语（"巨大的姜黄色锯齿耳猫"），或代替名词、且具有和名词相似作用的词（比如代词"它"或"她"）。谓语，简单来说，就是子句中主语之外的部分，给我们提供关于主语的信息。谓语包含一个动词，如果合适的话，动词也会带有其他词类。

如果一个子句能够单独成立，且意义完整——换句话说，子句本身就可以构成一个句子——我们称之为**独立分句**或**主句**；如果不能，则称之为**从属子句**或从句。相比之下，**短语**也是一个句块，它可能有一个主语，也可能有一个动词，但不能二者同时拥有，同时有的话就是子句。

冒着让语法专家厌烦的风险，我决定按从简到繁的顺序举一些例子。每个例子中，我会将谓语部分加粗。

猫睡着了。

The cat slept.

猫是主语，是睡眠动作的执行者。动词告诉我们猫正在做的事。这是只有一个子句的**简单句**。

猫**吃掉了老鼠**。

The cat **ate the mouse**.

仍然是只有一个子句的**简单句**。猫还是主语，是吃这个动作的执行者。不同的是，我们使用的是及物动词（不仅有执行者，还有接受者的动词）。老鼠是宾语，是被吃掉的东西。

这只老鼠让这只猫肚子疼。

The mouse **gave the cat a tummy-ache**.

现在，老鼠是主语。在谓语"让这只猫肚子疼"中，"肚子疼"是语法上的宾语（主语所给的东西），猫是间接宾语（接收东西的对象）。这仍是一个简单句：只有一个主语，一个包含主动词的谓语；但在这里我们接触到了间接宾语。

猫吃了这只老鼠，老鼠尝起来很恶心。

The cat **ate the mouse**, and the mouse **tasted horrid**.

嘿！在这里，我们有两个主语、两个谓语，和两个主动词。这就是**复合句**：由两个或以上的独立子句共同组成的句子结构。它们可以由标点符号连接——"猫吃了这只老鼠，鼠尝起来很恶心"——或由我们称之为"并列连接词"的词语连接。英语中有七个主要连接词，记忆方法是"FANBOYS"：for, and, nor, but, or, yet, so。

通常，我们可以很容易地将复合句分为两个（或更多个）单独的句子，尽管是否这样做，或如何做，取决于风格的考量。例如，出于节奏的考虑，你可能喜欢更长一点的句子。你或许还想强调两个主句之间的连接关系。要考虑句子的效果。"猫吃了这只老鼠，老鼠尝起来很恶心。"（The cat ate the mouse and the mouse tasted horrid.）这个句子很中性，它描述既定事实，一个不幸的事实，像包裹那样传递着。"猫吃了这只老鼠。这只老鼠尝起来很恶心。"（The cat ate the mouse. The mouse tasted hor-rid.）这个句子表达了一种感觉，仿佛是猫做了轻率的决定后，立刻发现了令人讨厌的结果。在这里，传递消息的语调是略带痛苦的中立。"猫吃了这只老鼠。并且它尝起来很恶心。"（The cat ate the mouse. And the mouse tasted horrid.）在我看来，这个句子含有某种戏剧性趣味：句号让你有所停顿；连接词将你引入第二个子句，它揭示了前一句的后果。在这里，魔术师的手帕被迅速揭开，露出了猫的发现。

这只生了病的猫痛苦不堪，它爬上沙发，希望睡一小觉后会好一些。

The stricken cat, which was now suffering grievously, **crawled onto the sofa, hoping it would feel better after another nap.**

现在，我们进入了**复杂句**的领域。这句话用一个从句修饰了主语。因为"which was now suffering grievously"不可以单独存在，所以你可以判定它是从句。在任何书中，"which was now suffering grievously"都不是一个句子。复杂句给主句加入从句，并用连接词或标点符号来解释两个子句之间的关系。

这只曾以为今天的麻烦已经结束的猫，**在沙发上打盹**，当它的主人看都不看一眼就坐在沙发上并开始看《今日赛事》时，猫被粗鲁地吵醒了。

The cat, which had imagined its troubles were over for the day, **dozed off on the sofa**, but **was rudely woken up when its owner sat down to watch** *Match of the Day* **without looking**.

这是一个**复杂复合句**。它有两个主动词："打盹"（一个主动词：猫正在打盹）和"被吵醒"（一个被动动词：猫被吵醒），两个动词的主语都是猫。所以这是一个复合句。简化一下，这个句子就是："猫正在打盹但被吵醒了。"（The cat dozed off but [the cat] was woken up.）

这个句子也有若干内置的从句。首先是"曾以为今天的麻烦已经结束"，猫是动词"曾以为"的主语，但这个动词的宾语（"麻烦"）又被"已经结束"来修饰。然后，我们有从句"当它的主人看都不看一眼就坐在沙发上并开始看《今日赛事》时"："当"引领了又一个从句，用来修饰"被吵醒"；而这个从句的主语是主人，动词是"坐下"。然后，在这个从句中，我们还有另一个从句："看都不看一眼"。这是一个分词从句，有点像副词，用来修饰主人坐下时的状态。然后我们接着往下。

这个句子中的连接词和标点可以帮助你理清关系。第一个从句夹在两个逗号之间，由"which"引领。复合句的第二部分由另一个逗号标出，由连接词"but"引领。剩下的从句又由"when"和"without"来引领。

我的此番详细分析，不是因为本书志在对句法进行指导——相反，原因在于，如果你掌握了句子的基本工作原理，那么你会更好地给自己松绑。并且你也能看到，将句子的基本单位组合在一起并形成一个复杂的结构是多么的快。

你要记住两件鼓舞人心的事。

第一，即使将从句中的连接词找出来让你晕头转向，但在口语中，你自然而然就会这样做。你理解所有的句子——这意味着即使不能标出语法成分，你也能立即理解语法。你说出、也理解别人说的复杂复合句，但头脑中用不着思考。你知道的比你以为的要多。语法学家并不是告诉你应该如何做，而是努力想要系统地描述你所做的事，且尚未完全成功。

第二，基础概念是最重要的。主谓结构的基础是两个我们非常熟悉的东西：名词和动词。所有的复杂句都建立在简单句之上。总会有一个主句，这个主句有一个主语，一个动词。将两个这样的句子连在一起，我们就得到了复合句；用从句来修饰其中一个主句，就得到了复杂句；上述两个步骤加在一起，就得到了复杂复合句。在所有的装饰之下，在最底部，是句子的主干：主语和动词。成功的句子手术医师能够找出这些词，抓住它们，不让这些捣蛋鬼乱跑。在之后的"句子手术"一章中，我会举例说明如何运用这点。

＊＊＊

是什么让句子易读，是什么让句子出错？最明显的一点是，大体来说，句子越长越难读。所以你期望句子短一些。但这不意味着短句子不能表达成熟的想法。

海明威曾说，所有的写作都是重写。因此，重读每个句子。你的句子有多长？平均下来，每个句子应该在15到20个词之间。有时或许会更长。但如果每个句子都长达40个词，那么你的写作将很难进行。你不必将一个想法局限在一个句子中，但平均下来，每个句子表达的想法越少越好。（但是零想法就太少了。）

但是，我也说过，让句子短一些只是一部分。你还需要考虑句子的结构。一个很好的方法就是持续关注主句。句子的主语是什么？动词是什么？读者能够轻易地发现两者之间的连接吗？这是句子的主干，失去了它们，你就迷了路。

归根结底，一个棘手的句子需要读者付出大量的认知工作——我们大体都知道这包含什么。认知工作与"工作记忆"（working memory）有关。工作记忆对于大脑来说，就像是电脑硬盘里的剪贴板，它工作的方式类似于记忆笔。随着句子在纸上或耳边展开，你将句子的元素放入工作记忆中，等待线索来告诉你如何破译。而句子的路标就是主谓关系。弄清它们需要的时间越长，大脑的工作就越困难。

问题是，工作记忆有极限。还记得吗，微软文档有时会提示："你将大量内容放入剪贴板中。"大脑也一样。心理学家乔治·米勒（George Miller）于1956年发表了一篇重要文章，一语中的地讲到了工作记忆的极限。文章名叫"神奇数字七，加二或减二"（"The Magical Number Seven, Plus or Minus Two"），他认为普通人的工作记忆只能存储5到9条信息。

语言学家所说的"句尾开放句"——即在句子开头就给出主语和动词——更便于大脑记忆。一旦确立了主语和动词，你就知道句子将去向何方。如果句子的主语和动词之间需要等很长时间，或者你必须越过修饰从句的丛林才能找到主语，那么工作记忆的负担就会很沉重。

英语在这方面有优势。不像德语，你经常需要将动词放在句子末尾。在英语中，你可以让主语和动词彼此贴近；如果可以的话，就这样做。如果你可以把句子成分按照主谓宾的顺序安置——这是英语中的默认位置——就更好了。

犯罪小说是个寻找句尾开放句的好地方。毕竟，犯罪小说的首要任务，是让读者能够一页接着一页地往下读。例如，惊悚小说作家哈兰·科本（Harlan Coben）并不是文学风格大师，但是他对读者工作记忆的友好态度是无懈可击的。下面是从他的作品《林中迷雾》（The Woods）中随机挑选的一段。

*她*把*车* **停**在父亲那辆生锈的黄色甲壳虫车旁。*那辆甲壳虫*总**是**停在一模一样的位置。*她***怀疑**在过去一年里它是否移动过。*她父亲*现在**拥有**了自由。*他*可以随时离开。*他***可以**离开又回来。但不幸的*事实***是**，他几乎从未离开过房间。贴在*车上的左派贴纸*都**褪色**了。*露西***有**这辆车的钥匙，她每隔一段时间就将车启动，让电池能够继续工作。*做这件事*，仅仅是坐在车里，就让回忆不断**涌现**。*她***看到**艾拉正开着车，车窗开着，大胡子艾拉对过往的每一个人微笑，挥手。*她*从未**想过**开这辆车去兜风。

在上述段落中，我将主语斜体，将动词加粗。你发现什么了吗？在这12个句子中，有四分之三的主语直接连接动词，它们全都是陈述语气，全都是主动语态。剩下的句子更复杂一些——如果严格确保每个句子的主谓都在前三四个词之内，句子会很单调——但也没有很复杂。有一个句子的主语是动名词①短语："doing that"（做这件事）；同一个句子中，还有另一个动名词同

---

① 动名词是用动词来组成名词。它的形式通常和现在分词一样，即以 -ing 结尾。A place-*setting* at a table（桌子上的成套餐具），a good *showing* in the football game（一场好看的足球赛），a good *kicking* in a fight（一记精彩的踢脚），这些都是由动词变形而成的名词，也就是动名词。这里提到的包含 -ing 的那个主语是名词短语形式，你也可以将其扩展为 "the doing of that" 或 "her doing that"（尽管这样看起来很怪异）。它们充当主语，引领谓语"让……涌现"。

位语①"just sitting in the car"（坐在车里）介于主谓之间。在另一个句子中，8个音节的修饰从句"that had adorned the vehicle"（贴在车上的）位于主语"贴纸"和谓语"褪色"之间。以上两个句子对于读者来说都不是什么大问题。

"杰克·李奇"系列小说（the Jack Reacher novels）的作者李·查德（Lee Child）是一位惊悚小说作家，曾声称想要成为风格大师。他的大多数句子都很轻快，有条不紊，句尾开放，就像科本的句子那样。下面是《死得其所》（Worth Dying For）中极具代表性的一段（跟上面一样，我进行了斜体和加粗处理）：

> 在北方 60 英里处，*多萝西·科*从冰箱里**拿出**一块猪排。*猪排***是**一英里外的朋友屠杀的猪身上的，用来帮助人们度过困难时期。*多萝西***割去**肥肉，在肉上撒了一点胡椒、一点芥末和一点红糖。她将猪排放在盘子里，把盘子放入烤箱。*她***布置**餐桌：一把刀，一把叉，一个盘子。*她***拿出**一个杯子，倒满水，放在盘子旁。*她***叠了**一块四方形纸巾作为餐巾。一个人的晚餐。*李奇***饿极了**。他没吃午饭（He had eaten no lunch），打给（called）服务台要（asked for）房间服务，然而那位帮他登记入住的家伙告诉（told）他，这里没有房间服务。对这项不足*他***道了声歉**（apologized）。

---

① "同位语"意味着两个短语并排放在一起，好像是平行的一样，并且第二个短语为第一个作解："哈兰·科本，一位作家，我非常喜欢他。"

这是硬汉式的句子。查德善用惯用语和非正式的语言，比如消减句子中的谓语："一个人的晚餐。"固守语法的人或许认为最后三个句子应该写成："他没吃午饭。他打给（had called）服务台要（had asked for）房间服务，然而那位帮他登记入住的家伙告诉他（had told），这里没有房间服务。对这项不足他道了声歉（had apologized）。"在本段语境下，每句都用过去完成时会让句子格外笨重。查德也巧妙地制造出一种有条不紊、按部就班的感觉。比如，运用平行结构："她布置……她拿……她叠……"；"他没吃……他打给……他道了声歉。"① 段落中还有重复的词语和简单的连接词："一点……一点……和一点……"。

查德的一个风格特点是，当主人公殴打某人时，查德会完全沉浸其中。这相当于慢动作，或被称为"子弹时间"，产生了一种长到荒谬的句子：

然后李奇出拳了。

两百五十多磅的移动巨块，巨大的拳头，巨大的撞击力，那家伙外套上的拉链被捶向胸骨，他的胸骨被捶向胸腔，身体的弹性使胸廓向内压缩了好几英寸，暴力的挤压将肺里的空气排空，压力使血液回流心脏，脑袋向前弯折，像一个碰撞试验假人，肩膀向后伸张，身体脱离地面，脑袋又

---

① 虽然不是同一个"他"，但结构相同。

向后弯折，撞到身后的玻璃窗，隆隆的撞击声犹如定音鼓，他的胳膊、下肢和躯体都耷拉着，像一个布偶娃娃，他的身体下落，在地上摊开，黑色的聚碳酸酯板破裂开来，散落在地面，李奇用眼角搜寻着，不是找钱包，不是手机，不是刀，而是一把半自动的格洛克 17 手枪，黑色的、四四方方的邪恶手枪。

第二段的句子一共 168 个词，虽然没有主动词，但也和其他句子一样容易理解。从技术上来说，它根本就不是句子，而是一系列修饰词，用来修饰"然后李奇出拳了"。不管这个句子是否有句号（你也可以将句号换成冒号），它都是一个句尾开放句。读者很容易跟上，因为句子的逻辑从一个从句过渡到另一个从句：这件事发生了，那件事发生了，然后又一件事发生了。前面几个短语是同位语（移动巨块，拳头，冲击力），然后是一串效果的描述（较松散的平行结构，从拉链移动到胸骨、到胸廓、到肺、到心脏、到头、到肩膀，等等），膝盖骨连接着踝骨。每一块信息都是完整的，因此对工作记忆来说不是那么难。

然而，光运用句尾开放句还不够。对名词和动词的选择也会影响到句子的难易程度。为了追求韵律或表示强调，你或许需要在某些句子前面加入分支子句。即使是最简单的惊悚小说也不会只包含句尾开放句，作家们也不该这样写。变化的句子结构（和长度）能够避免让句子听起来机械、重复或幼稚。

和以往相同，我想说，绝对遵从一系列规则不会让你写出好作品。训练自己的耳朵，直到能够判断规则何时是行不通的，你才能写得好；你也可以用我提供的分析工具，来分析如何写句子。在后面的"句子手术"中，还有更多实际运用的方法。

段，节，章

单词组成短语和子句；短语和子句组成句子；句子组成段落；段落组成节和章。最难的句子基层工作我们已经完成了，但组织更长的文字仍需要一些程序。文章需要"行得通"，而段落和章节——搭配其他适用于你写作类型的图表（饼状图，块野等）——能帮你做到这一点。

如果你正在写的东西需要一定的技术性和精准度，比如公司报告、法律文件或科学论文，那段落就是整篇文章逻辑框架的重要组成部分。段落或许会以所谓的"中心句"开头，以扼要重述结尾，这是非常精密和精准的形式。

但不是所有的写作形式都这么严格。正如大多数人所想的那样，段落是一个想法单元，也是韵律的单元，还是一种结构特点（design feature），例如小报报道的短句断裂文体和文学散文的离散式风格。基斯·沃特豪斯（Keith Waterhouse）在他的《每日镜报风格》（*Daily Mirror Style*）中说道："福勒写道，分段的目的是让读者休息。如果他还是大众报刊的研究者的话，或许会加上一条：分段的目的不是让读者震惊。然而，分段却经常带来这样的结果。"我还想加上一句：但不是所有的震惊都是坏事。

我们不可能提炼出分段的绝对规则。在严肃的、连续性散文中，一个单词的段落会很奇怪。一句话的段落在小报中通常是主力，在一些科技写作中也经常出现，但在文章中它并不总是好的。你需要衡量文章的语境，培养感觉。

为了做到这一点，请记住两个核心观点：让读者休息；段落是想法单元。一个段落就像一口饭，段落之间的分隔——那可爱的空白区间——让读者有机会消化前面的内容。但同一段落中的内容需要具有同质性。你不会想给读者准备一份烤牛肉配醋栗碎。

我害怕我们再次陷入了"看到后才知道"的境地。或者你也可以说，尝过后才知道。一个段落有可能包含不止一件事，那些痴迷于一个段落只说一个想法的人会写出僵化而古怪的段落。但是，任何段落的内容都必须合成整体。烤牛肉、胡萝卜、烤土豆、约克夏布丁和少量的芥末会是美味的一口食物。烤牛肉、肉汁、醋栗碎配蛋挞将不会被端上餐桌。

这很鼓舞人心。记住：你会自然而然地吐掉一口肉汁配蛋挞，这不需要任何训练。你在人生的周末午餐中已经得到了训练。同样，你阅读了很多段落，你已拥有很多想法。对于判断一个段落应该包含哪些内容，或许你比你以为的要更擅长。

节和章由段落组成。它们是想法、设计和韵律的单元，也适用于前面提到的醋栗碎测试。

　　在后面的"走向世界"一节中，我讨论了依照风格和论点组织更长文章的方法。

4
装饰品

对于不够自信的作家来说，没有什么比标点符号更让人困惑的了；对于骄傲的学究而言，也没有什么比标点符号更让人愤怒。与我同属一个出版社的林恩·特鲁斯就这一话题写了一本风趣而辛辣的书《吃，射和离开》（*Eats, Shoots and Leaves*），卖出了 300 万册。由此可以看出我们对标点的感情有多深，尽管这一点迄今为止人们很少讨论。

人们真的很介意标点。所谓的"蔬果店的撇号"——比如"Clementine's 50p each"（小柑橘每个 50 便士）——不知会让多少注重细节的人抓狂。满页的感叹号、像枪里射出的子弹一样散落的逗号甚至会让很散漫的语言使用者头疼。读者会在脑子中记下这样的作者，认为他们要么是太草率了，要么有点文盲。

这也就意味着，想要说服读者的作家需要特别注意标点的使用，要遵循一定的规则。这些规则或许不像某些固执的人所想的那样严苛，它们这些年来已发生了改变，并将继续变化。但在正

式语境下 ① 的书面语中，许多标点符号的用法是很严格的。比如，你不可能在单词中间找到一个逗号；一段连续的散文不可能以斜线结尾；对于一个插入语，你不能用逗号开头用括号结尾。

以思考标点符号的作用开始是值得的。和单词顺序、词法（单词改变形式和结尾的方式）一起，标点符号能帮助写作者安排单词在句子中的位置。它们是句子的指示牌：有些标点反映语句的语调或意思，句末使用的是句号还是感叹号会改变你对句子语调的判断；有些标点说明句子中的一部分与另一部分的关系，括号里的内容不是句子的主要内容，冒号则表示接下来的内容依赖于或用来解释前面的内容。

最初，标点符号是抄写员的一种策略，帮助那些大声朗读的人判断何时停顿。四大符号——逗号、分号、冒号和句号——最初被用来表示停顿的长度，句号的停顿长度是逗号的 4 倍。但它们被印刷工和语法专家采用、改造，来帮助理解语义。事实上，一如语言的许多其他特征，规定型语法学家试图将标点纳入一个逻辑一致的系统中。因此，标点符号现在有两个作用：它们既可以为朗读规定停顿时间，也可以指示语法关系。许多关于标点符号的争论都起源于这两个功能的重叠领域。逗号可以仅仅表示停顿，也可以表示插入语或分离两个子句。语言学家戴维·克里斯特尔（David Crystal）写道："这就是所有标点符号争论的源头。

---

① 一如既往，在文学和不正式的语境下，所有的规则都不算数。

这一争论已持续了上百年，今天也仍然存在。"[1]

标点符号也受潮流影响。如今人们喜欢少用标点。相比前人，我们更少使用逗号。在很多情况下，我们把句子末尾的句号也省去了——书名、指示牌、短信或社交媒体上的帖子。写复合单词的时候，我们更少使用连字符，比如喜欢用"semicolon"而不是"semi-colon"。

相对较少的争议使得建立一套规则是可能的，人们以此来规定文章中标点符号的用法。

让我们逐个分析。首先是句子结尾的"三剑客"：句号、问号和感叹号。

句号，或句点

在正式写作中，句号的主要工作是标示句子的结束，这是它最直观的作用。

不是所有的句子，或所有的叙述都需要用句号来结尾。问号、感叹号和省略号也可以结束句子，尽管它们可以被看成特殊的句号。新闻标题、书名、广告标语或其他形式的标识，和短信或社交媒体的状态更新等非正式交流方式通常不用句号结尾，或以完全不同的方式来使用句号。

---

[1] 《证明一个观点：英文标点符号的故事》(*Making A Point: The Pernickety Story of English Punctuation*)。

问　号

问号是另一种句尾符号，你可以把它想象成句号上面带一个摇摆的旗帜①，旗帜表明这个句子是一个问题——如果不是回避问题实质的话。

正确使用问号的一大规则是：用且只用于直接提问的句子。显然，这一点说起来容易，做起来难。现在，你可以看到问号被用于间接或含蓄提问中，这点足以让纠结细节的人抽搐。

1. "你好，我希望你一切都好？"这听起来是个宇宙通用的问候，公关人员在群发新闻稿时，常以这句话开头②。很显然，混淆由此产生，因为这听起来是询问"你是否过得不错"的另一种方式：你的问候中暗含问题。但这不重要。从语法上讲，"我希望你一切都好"是说话者愿望的陈述，而不是对接收者的问题。"你好吗？"是一个提问。"我希望再也不要收到你那些不真诚的邮件"则是一个陈述句。

---

① 演员克里斯托弗·沃肯（Christopher Walken）给《猫咪护理指南》（*Kiss Guide to Cat Care*）的简介中写道："我听说，我们用来表示疑问的符号（？）最初是埃及象形文字，表示从后面看一只猫。我不知道埃及人是不是表达怀疑或询问……或者其他的什么？"我也想知道。据我所知，没有直接证据证明这一点，但因为 a）他是克里斯托弗·沃肯，b）克里斯托弗·沃肯给猫咪护理手册写简介，c）将句号想象成猫的臀部……这样的想法值得传递下去。

② 有时候电脑会插入接收者的姓名。有时候作者——一个你永远不会见到的人——会询问他或她成百上千个受害者中的某一人：你周末过得怎么样？

2. "确定你不是在写一篇友好的新闻稿?"这里又错了。"确定"——一个句子副词,它似乎吸引着问号,就像牛粪吸引着苍蝇那样,但它并不表示提问,而是表示一种推测。句子中对世界的怀疑——我们有一整套精妙的语法,能够表达不同程度的推测——其本身并不需要问号。问号要留给……直接问题。

3. "我朋友听说了你关于问号的说法,他想知道你是否需要再拓宽一点?"又错了。这在语法中叫作间接提问。你可以说,一个间接问题是对一个问题的陈述,这个问题被转述,而不是被提出。"他想知道"在情态上是陈述语气,说明这是一个陈述句。不管你朋友的疑问有多强烈,这个句子都不需要用问号。

在非正式用法中,问号可以出现在句中——通常作为插入语的一部分,尽管这样很笨拙:"20年(或25年?)前我第一次对标点符号滥用的问题感到不满……"

当然,你也可以在对话中用问号来表示年轻人中流行的各种语句升调,这通常带有嘲笑的意味:"他长那样,我长这样,所以我是不在乎的,但他竟然邀请我去毕业舞会?"

和往常一样,问号系统也有例外。有些句子在语法上是问句,但句意让它们不必使用问号。例如在《剑桥英语语法》中,哈德斯顿和普勒姆指出,你可以写:"他们能够侥幸逃脱,这难道不是太幸运了吗!"或者"反正谁会关心我怎么想呢!"固守语法的人可能会有异议。但如果我们关注的是语言的表达层面,那么"她很可爱不是吗?"和"她很可爱不是吗!"之间的区别就无足轻重了。

和感叹号一样,这些符号最好单独使用——除非写在他人作品的页边空白处,用来表达极度的愤怒或疑惑。在页边空白写两个问号是一种经济实惠的方式,表达的是:"你确定吗?听起来好像你已经晕了。"然而,页边批注——校对符号使其成为一项职业——有点超出本书范围了。

感叹号

对于这个最华而不实的符号,弗朗西斯·斯科特·菲茨杰拉德(Francis Scott Fitzgerald)曾说,感叹号给人的感觉就像"对着自己讲的笑话大笑"。他说得有道理。过度使用感叹号让你显得过分激动,虚张声势。"对着自己讲的笑话大笑"这一观点——即恭维自己——自一开始就存在。戴维·克里斯特尔告诉我们,在14世纪感叹号出现时,它就被称为"仰慕之点";后来,又被称为"赞赏之点"和"惊叹"。从约翰逊博士(Dr Johnson)开始,我们拥有了"感叹",这一符号从着重仰慕转为表达强烈情感。

无论如何,感叹号都表示激动。或许是这一点引发了英国教育部在2016年初的愚蠢法令。部长们告诉小学老师,只有以

How 或 What 开头时，一个以感叹号结尾的句子才是对的。比如：

那些教育部长们多混蛋啊！

What asses those education ministers are!

或者：

这个建议多傻啊！

How silly this advice is!

这完全是错误的。还存在其他种类的句子，它们要么能够以感叹号结尾，要么必须以感叹号结尾。显然，感叹号需要这些句子——当然以 How 或 What 开头的句子位于前列。确实，福勒从 How 和 What 句子开始讨论感叹号。但他还提到了愿望、警报、命令、引起注意和通用的叫喊声。

比如：

要是我可以游泳就好了！（愿望）

救命！我溺水了！（警报）

把我从水里拖出去！（命令）

在这里！（引起注意）

洪水灾难！啊啊啊！（通用的叫喊声）

很难找到其他方式来给"救命！我溺水了！"添加标点。"救命。我溺水了。"无法表达那种紧急。但是，如果你真的正在溺水，你不可能在纸上写下你的感受——这是一个有用的暗示。许多情况下（如果不是大多数情况的话），感叹号在文章中的合理用法都运用在口语中。

书面语的默认立场是冷静思考，即使强烈的情感也是在认真考虑后合理地表达出来的。你是在遣词造句，而不是脱口而出。因此，几乎只有在为了模仿口语效果的非正式写作中，你才会用到感叹号。对话很多的新闻专栏或许可以，但在你的商务信件、文章、报告或展示中，感叹号不应过多出现。《经济学人风格指南》（*The Ecomomist's Style Guide*）深受其害，甚至对感叹号避而不谈。

福勒的态度处于传统一方。他认为，感叹号的使用应该有节制："在说明文中过多使用感叹号，说明这个作家实践经验不足，或者他想要添加根本不需要的情感煽动。"正是感叹号在对着你说："回家吧，你已经喝醉了。"当然，在文学写作中，一切规则都是失效的①。

在正式写作中运用两三个感叹号是绝对不行的。"我的天

---

① 比如，威廉·华兹华斯（William Wordsworth）写道："露西默默无闻地活在人间 / 无人知晓她何时不在世上 ;/ 如今她已在坟墓中安眠，可对我却已完全不一样！"《贝奥武夫》（*Beowulf*）的开场白通常是带有标点符号的"Hwæt！"，即"请注意听！"

啊！！！"在短信中则是可行的。如果"我的天啊"（OMG）不带标点，或用句号结尾，看起来的确很讽刺。

省略号

省略号，又叫作点点点，在正式写作中主要有两种功能。

一种是接近句号的功能，用在句子慢慢结束时……这时它表达犹豫或迟疑，表达还有不可说或暗含的意思。在这个功能下，它有效地替代了口语中意味深长的停顿。

> "我在想我是否能得到其中一个……你知道……用来……""一包避孕套，年轻人？何必这样啊，你直接问就好了！"

正如这个例子，如果省略号表达的是断断续续地说话，那你不必在省略号后将开头字母大写（就像句号那样）。在这里，省略号更像是逗号或破折号。

在更专业的情境下，省略号也可以表示列表的延续："1, 2, 3, 4, 5, 6……"

省略号的另一个用法是表示引用中省略的部分。我们很容易发现，这一功能和上述功能有些混淆；有时作者会故意为之。如果你想严谨一些，或引用得正规一些，那么最好将略去的部分放在方括号中，用来表明那是省略而不仅仅是停顿。

> 他是，至少在他杀了我妻子之前，我最好的朋友。
> 他是……我最好的朋友。

不足为奇，那些备受争议的电影海报中，设计师尤其喜欢滥用省略号；同样的情况也出现在平装本图书的书评中。

我上面说过，省略号主要是口语符号。在决定是否使用省略号时，这一点很有用。我想，正是因为这样，省略号才在更口语化的交流中获得了新生命，比如在邮件和社交媒体中。它可以表示"嗯""等等"或"未完待续"。例如，在有字数限制的推特中，当作者想要用一条以上的推特表述观点时，省略号非常方便。

> @fullstoplover 我认为，在社交媒体上句号越来越少是因为我们……
> @fullstoplover ……喜欢让事情不那么正式，口语化一些，并且有时……
> @fullstoplover ……我们需要表明，我们还没说完……

但是，在网络中，省略号也正在替代更沉重的结尾符号。我发现在和评论家的邮件中，我经常用省略号结尾："如果这个想法有吸引力的话，请告诉我……"

在 2016 年夏天的一次谈话中，之前提到过的戴维·克里斯特尔掀起了一场全球风暴。他说，在即时通讯中，句号正获得一种表示情感的新用法。

> 约翰正在去派对（陈述事实）
>
> 约翰正在去派对。（我的天啊！）

克里斯特尔指出，在这样的语境下使用句号会显得过度正式或粗鲁——好像你有意结束对话。因而，在即时通讯中，句号的使用正面临终结。

这一发现很敏锐，也很有趣。但不幸的是，报道将此事描述为：知名语言学家宣称句号的终结。克里斯特尔后来在博客中写道：

> 我的观点被放到了《每日电讯报》的首页——头版——而报纸网站的标题是"即时通讯让句号过时"。注意这里的概括。我当时说的是，在即时通讯中句号的功能正在改变（诸如此类的），报道将其描述为：即时通讯使得句号在各种情况下的使用都发生了改变。

他掀起了这场风暴……

让我们回到克里斯特尔真正的观点。省略号——或者句尾不加任何符号——在这些情境下是取代句号的一种方式。

逗 号

逗号是非常通用的句中标点，比其他任何标点符号都常用。其使用规则有些恐怖，这是因为与其他符号相比，逗号最大程度地保留了其多功能停顿符号的作用。

例如，

写这样一个中等长度的句子你不必用逗号。

写这样一个中等长度的句子时，你也可以加上逗号。

写一个中等长度的句子，像这一个，你可以用两个逗号来让其中一个短语成为插入语。

以上三个句子在语法上都是合理的。第二个版本对读者比较友好，允许读者喘口气；第三个版本让你在插入语两端各喘一口气。选择哪个版本由风格决定，而不必遵循严格的规则。

然而，请记住，如果你用逗号来表示插入语，或者标出从属分句，那它需要成对出现。表示插入语的逗号和括号一样，它们将一部分句子从主句中拿出去，像夹在钳子里。因此，你不能写：

写一个中等长度的句子，像这一个你可以用两个逗号来让其中一个短语成为插入语。

通常情况下，大声朗读一个句子并在逗号处停顿，这能帮你注意到哪里漏掉了逗号。上述句子如果只有一个逗号，听起来就不对劲。

有一则轶事能够说明正确使用逗号的重要性。一位老师站在了学校检查员的对立面，检查员——一个随性的人——抱怨这位教师过多关注标点符号。

教师走向黑板，写道：

检查员说老师是傻瓜。

The inspector said the teacher was an idiot.

然后他加入了一些逗号：

检查员，老师说，是傻瓜。

The inspector, said the teacher, was an idiot.

逗号难以掌握，是因为尽管它们都长一个样，却拥有不止一个用法。许多句子只有一个逗号（或奇数个数的逗号），因此你更难发现是否漏了一个插入语逗号。单括号会很醒目，而单独一个逗号像戴了伪装。如果在插入语中还需要用逗号,另一半逗号很容易丢失。

当塞姆开始写这个句子时——其中的长插入语,他希望,能够让标点符号看起来很巧妙——他没有想到自己不得不重写多次。

逗号也经常出现在两个相连的从句之间,尤其是当从属分句在前时:

当他发现史努比不在家时,查理·布朗用力地关上了狗屋的门。

When he saw Snoopy wasn't at home, Charlie Brown slammed the kennel door.

如果换一种写法,你通常可以省去逗号:

查理·布朗在发现史努比不在家时用力地关上了狗屋的门。

Charlie Brown slammed the kennel door when he saw Snoopy wasn't at home.

另一种会造成混淆的逗号使用方法,出现在特殊的插入语中：用句号来标出关系从句。

> 是那个满身鱼味的男人向我指出了门在哪儿。
>
> The man who smelled of fish showed me the door.

在这里，句子表示的是在屋子里的所有人中，是那个满身鱼味的男人给讲话者指出了门的所在。鱼味是对主语的修饰。这就是限制性从句或限定关系从句。这时不需要用逗号。

> 那个男人，满身鱼味，是他送我出去的。
>
> The man, who smelled of fish, showed me the door.

这里，我们想说的是，那个送说话者出去的人，恰好满身鱼味。或许屋子里还有其他人闻起来也这样，又或许不是。这是插入的说明，一个附加的描述，逗号让它独立了出去。参见"危险和陷阱"一章中的"那个，这个和这人"。

当许多形容词或动词修饰同一个对象时，逗号也被用来分离它们。我曾经有一件"涅槃"牌 T 恤，上面写着：

> 爱闻花香的，爱养小猫的，爱亲宝宝的混合摇滚婊。

他们或许是摇滚婊，但是他们和任何人一样明白如何正确使用逗号。然而，短小的连续形容词可以不用逗号：

> 我看见那个有趣的小个子绿人踏出了宇宙飞船。

牛津逗号，或"连续逗号"，是人们喜欢讨论的问题。这是指在一系列词语中，你看到的（或看不到的）最后一个词与"和"之间的逗号。如果你用的是牛津逗号，你会写"欧芹，圣人，迷迭香，和韵律"；如果你不使用牛津逗号，你会写"欧芹，圣人，迷迭香和韵律"。这是风格的问题。连续逗号不是错误，长期以来它被证实是无误的，实际上它也是重标点时代的主导符号——尽管许多人，包括我在内，都倾向于不使用它。然而，有些时候你需要牛津逗号来避免含混：

> 派对上的宾客包括两个妓女，我的前妻和"平克·弗洛伊德"乐队的吉他手。

细心的读者会发现这是一句轻则失礼重则诽谤的话。不加连续逗号时，句子显示出，比起一个宾客名单的列表，第二部分更像是第一部分的同位语。因此更安全的写法是：

> 派对上的宾客包括两个妓女，我的前妻，和"平克·弗洛伊德"乐队的吉他手。

冒　号

冒号，漂亮且强劲，它不会瞎胡闹。如果你需要将两个从句连起来，冒号就是你的选择。福勒的话——冒号的作用是"传送前面提到的货物"——充分地表达了这一点。冒号后面的内容明确地对冒号之前的内容进行解释或拓展。正如福勒所说，冒号代替了诸如"也就是""例如""这就是说""即"，等等这样的词。

我坐着的原因只有一个：我被绑在了椅子上。

同样地，冒号可以引入列表和例子。

他装上了日常去海滩的设备：冲浪板，行李箱，望远镜，鲨鱼喷雾和防水铁锤。

在英式英语中，冒号后的字母用小写。美式用法则倾向于大写。

分　号

我知道，一个人不应该有最喜欢的标点符号；但是我对分号情有独钟。它用法灵活，精准，并且——这也是它最好的一点——不炫耀。分号可以连接复合句，可以标识复杂多从句中的物体……并且带着恰到好处的谦逊。如果逗号是火，句号是冰，那么用《摇滚万万岁》（*This Is Spinal Tap*）的话来说，分号就是微温的水。分号允许你写长句，并让读者能够理解那些句子。如果你有一系列相关的想法，分号能让你更轻易、更清晰地表达它们之间的关系；这一点，其他符号都不如分号。

如果用句号将那些想法分开，那么读者必须自己推断各想法之间的因果关系、依赖关系或从属关系。你呈现的将是两件看起来互相独立的事。

他坐在椅子上。他累了。

冒号可以将两个句子连起来，它强调句子间的关系。但记住，冒号就像只有一发子弹的枪，在句子中使用一个以上的冒号会很奇怪。

他坐在椅子上：他累了。

但不能是

他坐在椅子上：他累了：这一夜太漫长。

冒号强调关系，而分号暗示关系。而且你可以使用多个分号来协调句子，尽管不是每个人都会这样做。这只是一种风格选择。

他坐在椅子上；他累了；这一夜太漫长。

分号的两种主要用法是：

1. 在复合从句中，将两个独立子句分开；
2. 对列表中的各项进行区分，尤其是当每项条款很长、很笨重，逗号不足以区分它们时。

在《水母与蜗牛》（*The Medusa and the Snail*）中，刘易斯·托马斯（Lewis Thomas）博士写道：

在 T. S. 艾略特（T. S. Eliot）的诗歌，尤其是《四重奏》（"Four Quartets"）中，我最喜欢的是他对分号的使用。你听不见它们，但是它们就在那里，连接着意象和观点。有时候你瞥到分号，看到它后面跟着几行诗，那感觉就像在丛林中攀登陡峭山路时，看到前路拐弯处有一把木质长凳。你期待着去那里坐一会儿，喘口气儿。

然而，作家对分号的看法分歧很大。库尔特·冯内古特（Kurt Vonnegut）写道："不要使用分号，它们就是有异装癖的阴阳人，不能说明任何问题。分号唯一的作用是显示你上过大学。"乔治·奥威尔（George Orwell）——另一个敌视矫饰文字的作家——也强烈反对使用分号，甚至在《上来透口气》（*Coming Up for Air*）中一个分号都没用。然后，有些恶毒的是，他写信给编辑吹嘘这一点。我们可以设想，他担心没有人注意到。

另一方面，捷克作家米兰·昆德拉（Milan Kundera）在1988年写道："我曾经离开了一位出版商，就因为他试图把我的分号变成句号。"我站在昆德拉这边。

破折号

对一般人来说，破折号有两种：

1.长破折号（最初其长度和字母 M 一样）：——

2.短破折号（和字母 N 长度一样）：—

就像人们常说的那样，苦艾酒要把我逼疯了①。破折号也是这样。文字处理器、种族和时代不同，破折号的使用规则也不同。长破折号和短破折号通常可以随意交替使用，区别是，长破折号的两端会紧贴着词语，而短破折号的两端和词语间会有些空隙。

破折号发挥、承担逗号、分号或冒号的作用。本质上讲，破折号的作用是表示停顿，或引出（略带强调语气的）复合句中的连

---

① 苦艾酒会让你发疯。

接词。

比较下面两个句子：

他去了药店，但是验孕棒已经卖完了。

和

他去了药店——但是验孕棒已经卖完了。

第二个句子中，那更具戏剧性的停顿让情况看起来更紧急。

然而，与逗号和分号不同，破折号不能无限使用[①]。在句子中，你要么发现一个破折号，要么发现一对。

成对的破折号用来表示插入语或补充语。我承认我自己——因为你最终会注意到这些——对破折号有执念。对我来说，在这句话中，破折号的作用似乎介于逗号和括号之间：在保持句子对话的流动性上，它比括号更显眼一些，比逗号的语气更强烈（而且可能也更清晰）。两个破折号之间的内容会比两个括号之间的更重要一些，表示添加说明或限制，而不是额外内容。

在这种情况下，破折号的使用有一些规则：你不能用一对破折号来分离一个单词的部分字母或分离整个句子。然而括号却可以：

---

① 300 年前情况并非如此。在 18 世纪，无限使用的破折号成为了破折号里的混蛋。我说过：符号规则会变。

这些书（们）或许不会被移出图书馆。

他走进来时，看起来很羞怯。（我不知道他将会把一些书移出图书馆。）

试着用一对破折号来代替上述句子中的括号，看看你会得到什么。

其他标点符号并不总能和破折号和谐相处。如果一个更强的标点放在破折号旁边，比如句号，这个句号就很有可能吞噬破折号。因此，一些单破折号的句子实际上是插入语，第二个破折号被句号吞掉了。

乐队练习时，我们应该放点"小精灵乐队"的歌曲——比如《损伤之波》。

如果用括号的话：

乐队练习时，我们应该放点"小精灵乐队"的歌曲（比如《损伤之波》）。

同样，如果插入部分被提到前面，那它会有第二个破折号：

我们应该放点"小精灵"乐队的歌曲——比如《损伤之

波》——在乐队练习时。

这就是我所说的"饥饿的句号"。可怜的破折号！
破折号也用来表示被打断的对话①：

> "他们打不着大象，如果是这个距——"是将军检查地
> 方军火时说的最后一句话。

连字符

连字符和破折号很相似，但它们值得区别对待。这是因为
破折号在句法中发挥作用，而连字符是包含在词语中间的。福勒
将其称为"尤其困难的连字符"，原因有二：第一，在连字符的
主要用法——连接复合词——中存在很多变形，且变得很快；第
二，连字符有两个看上去截然相反的功能：它既能将事物连在一
起，也能分离事物。（这就是标点符号的神奇胸罩。）

在最常见的用法中，连字符将一个词语或一系列词语（或词
语碎片，比如前缀）粘连起来组成一个单独的词语。牛仔们最喜
欢这样用，比如：

---

① 如果对话是自然而然结束的而不是被打断的，那通常用省略号表示。

You no-good, low-down, double-dealing, back-biting, flea-bitten, two-timing, double-crossing, two-bit, pole-cat-brothering, anti-feminist son-of-a-bitch.

你这个无赖、小人、两面派、背后诽谤、不忠、叛徒、不起眼的、反女权的孬种。

简单来说，复合词越常见，其中的连字符越有可能消失。你可能会经常看到 backbiting 和 doublecrossing，它们都被写成一个词的形式，但 polecatbothering 就不那么常见。而且，连字符在全球各地有很多变形。在加入前缀时，连字符的消失尤其常见（出于同样的原因）。Anti-matter（反物质），re-invigorate（恢复元气）和 de-regulate（撤销管制规定）这些词出现时，更可能没有连字符。Antidisestablishmentarianism（反政教分离主义）这个词带有两个前缀，但从我还是个小伙子时起，它就没有连字符了。所以我将其列入我的长单词收藏中。

但是——这体现了连字符的分离功能——当省去连字符会让词语难以理解或难以发音时，你应该保留甚至添加连字符。因此，尽管 coterminous（相邻的）很少带有连字符，co-op（合作性企业）却几乎都带着；因为不加连字符的话，读者会自然而然地联想到与鸡有关的词语（"coop" 的意思是鸡笼）。同样，当你想要 "re-cover"（重新装饰）你的沙发而不是从流感中 "recover"（康复）时，连字符也很有帮助。如果你的复合词因为有两个元音或两个辅音而变得奇怪，连字符也能够帮你。因此，我们用 anti-intellectual（反智的）而不用 antiintellectual，用 sword-dance（剑舞）而不用 sworddance。

同时，连字符也能解决语义含混的问题，这一点也值得关注。a man-eating fish（一条吃人的鱼）比 a man eating fish（一个正吃着鱼的人）更可怕；two-hundred-year-old books（两百年的书，不止一本），two hundred-year-old books（两本一百年的书）和 two hundred year-old books（两百本一年的书）在拍卖时会有不同的价格；twenty-two odd socks（22 单只袜子）和 twenty-two-odd stocks（大概 22 只袜子）是不一样的：前一种情况也许会让足球队尴尬，但可以温暖他们的脚；第二种情况中或许袜子能够成双成对，但或许也会让先锋球星必须赤裸着一只脚。当英国广播公司国际部（BBC World Service）每晚的程式化播报终结时，听了多年的安东尼·伯吉斯写了一本小说，即《世界新闻的终结》（*The End of the World News*）。在这里，连字符消失了。

复合词连字符的一个独特之处在于，句法不同时，它们的用法也不同，尤其是在你面对形容词短语时。如果短语作定语——即用在名词之前——就更有可能用连字符；作表语时，则更少用连字符。这是因为定语经常会将不同的部分压缩进一个复合形容词里。

比如，

风暴迅速逼近。

The storm was fast approaching.

会变成

迅速逼近的风暴。

The fast-approaching storm.

在第一句中，fast（迅速）是一个副词，用来修饰分词 approaching（逼近）；第二句中，两者结合成一个形容词：fast-approaching（迅速逼近的），这实际上是一个单词。

关于"副词-分词"结合体的问题，我们需要谨慎。一种普遍的观点认为，用连字符连接以"ly"结尾的副词是不可取的。

比如，我们可以说：

备受称赞的女主人

the widely admired society hostess

而不能说：

the widely-admired society hostess

但这个规则并不是绝对的，你会发现有时它会受到无视——以至于我宁愿将这规则称为趋势。首先，这一规则认为以"ly"结尾的词应该有特殊分类，这一点是不合理的。为什么 well-up-holstered chair（装饰精美的椅子）可以用连字符，而 badly up-holstered chair（装饰差劲的椅子）不能用？对于两者的区分，你能想到的是是否有马毛，而不是缺少某个标点符号。

大多数权威人士似乎都同意一点，那就是当这些短语作表语时，即放在被修饰词之后时，不用连字符。你可以说"a clumsi-ly-punctuated essay"（一篇标点拙劣的文章），但"your essay was clumsily-punctuated"（你的文章标点拙劣）会让大多数读者觉得拙劣。前面说过，作定语的形容词短语可以说是从更直接的动词短语转化而来、成为表达一个思想的形容词的。如果这听起来不够靠谱，那我道歉；但诚实地标出布雷区总好过让部队快速且笔直地穿过它。

所谓的"暂停连字符"是用来连接两个或多个拥有共同词语的复合词。举例子比描述更简单："nineteenth-century and twentieth-century oratory"（十九世纪和二十世纪演讲术）变成"nineteenth-and twentieth-century oratory"（十九和二十世纪演讲术）。暂停连字符可以精确地表达意义的区别。我的校对员最近将铅笔对准了"drink-and-drug-addled Afrikaners"这个短语。作者的意思是"drink-and drug-addled Afrikaners"（喝酒成瘾和吸毒成瘾的南非白人）吗？我觉得不是。作者并不是想描述两个拥有不同癖好的群体，而是说同一群体同时有酒瘾和毒瘾。

　　除了复合功能，连字符也用来连接被转行打断的单词。令人高兴的是，对于普通人来说，关于应该在何处断开词语的争论（不管是根据形态结构还是发音）根本是多余的，你的语言处理软件会替你决定。

　　如果你不知道是否应该使用连字符，谷歌可以帮你：它不仅可以给你一个明确的答案，还能让你看到是否一种用法比另一种更普遍。在这种情况下，使用连字符是去了解当下的语言。如果你想要简明地写作，那么你应该选择那些最不可能让读者觉得刺眼的用法。而这就意味着选择争议最小的用法。

撇　号

撇号有两个功能。

1. 表示占有关系。

　　a. 单数的占有用 's: The Pope's nose.（这位教皇的鼻子。）Jane's Addiction.（简的"嗜好"合唱团。）

　　b. 复数的占有在 s 后加 ': The dogs' kennel.（狗狗们的小屋，如果你有一条以上的狗。）The workers' canteen.（工人们的食堂，如果有一位以上的工人）。

　　c. 不规则的复数占有，即复数名词不以 s 结尾时，用 's: The children's book（孩子们的书）; The Women's Equality Party（妇女平等党）。

d. 有一流派指出，某些以 s 结尾的专有名词可以只用撇号来表示占有关系：Jesus' teachings（基督的教诲）；Moses' law（摩西的律法）。对此，我有些不理解：Jesus's teachings 和 Moses's law 结构严谨，不会让人觉得我们有许多叫作 Jesu 或 Mose 的人来教导我们或制定法律（尽管这听起来很傻，但表面看起来是这样）。

e. 复数的家族姓氏似乎也会带来各种问题。为了讨论的方便，我们假设你有两个邻居：一边是帕克先生和帕克太太（Park），另一边是帕克斯先生和帕克斯太太（Parks）。围栏的一边是 the Parks' 花园；另一边是 the Parkses' 花园。这个区别很重要，我找不出忽略它的理由。

f. 如果多个人占有同一物，那么撇号加在最后一个人后面。"肉馅和碎肉的香味"（Mince and tatties'）；"罗德、简和弗雷迪的异端生活"（Rod, Jane and Freddy's）。

g. 我可以想出一个例子，逼迫你面对一个极度混乱又尴尬的结构。如果你说的是圣彼得教堂（St Peter's Church）的中殿，那么按逻辑你会写成 "St Peter's's nave"。常识会让你用一个短语或句子来替代这样的结构。

h. 物主代词有它们的规则。it 的物主代词是 its，her 的物主代词是 hers，him 的物主代词是 his，us 的物主代词是 ours。它们都不用撇号，可以把它们当成早已形成的单元。

i. 专有名词和商标名字不遵循任何规律。戴维·克里斯特尔指出，在伦敦地铁里你可以一直从伯爵宫站（Earl's Court）坐到男爵宫站（Barons Court），而哈罗德（Harrods）、塞尔福里奇（Selfridges）、劳埃德（Lloyds）和水磨石（Waterstones）这些年来都慢慢去掉了撇号。你可以把它们当作专有名词。

撇号不能做的，众所周知，就是表示复数。所谓的"蔬菜水果店的撇号"（greengrocer's apostrophe），我们前面提到过，就是最臭名昭著的例子。它让固守语法的人愤怒至极。

我能想到的唯一例外，是在数字母表里小写字母的个数时运用撇号。这种方式非常不雅（必须承认这一点）。在 Mississippi 这个词里有"four i's, four s's and two p's"。这样的用法虽然很难看，但如果换成：在 Mississippi 这个词里有"four is, four ss, four ps"，就更尴尬了。

2. 表示有一个或几个字母缺失。

有一些结构是这样的：用 I'm 代替 I am，用 you've 代替 you have；或者用 's 代替 is，这无处不在，比如"the game's afoot"（游戏进行中）。在非正式写作中这很常见，而在稍微正式一些的写作中会少一些。所以当你要决定选用哪种结构时，记住你写作的意图。

上述缩写可以表示不止一种意思。He'd 可以表示 he would（他想）或 he had（他曾）；he's 可以表示 he is（他是）或 he has（他有）。语境会决定意思；语境决定了缩写是否可行。比如，"he'd a very flatulent pig"（他有一头非常肥胖的猪）这句话会让你回想起你曾拜访的那个农场家的朋友。但把它换成现在时就不合适了。"he's a very flatulent pig"（他是一头非常肥胖的猪）会被认为在形容农民而不是牲口，因为这里是"he is"而不是"he has"。另一方面，在"he's gone to the vet to get that pig looked at"（他去兽医那里给猪做检查）中，"he has"被缩写成"he's"。语境决定了一切。

和连字符一样，语言会适应变化。有些缩写慢慢发展成了词语，失去了原来的撇号。我们不再——除非我们想让人讨厌——说 the 'cello（最初是"violoncello"的缩写，意为大提琴）；有些不规则缩写也成了规则，比如用 shan't 代替 shall not（而不再用 sha'n't），用 won't 代替 will not。

虽然有一些过时，但很多单词或固定短语仍带着撇号，且撇号用来表示字母缺失。比如，用 e'en 代替 even，fo'c'sle 代替 forecastle，fish 'n' chips 代替 fish and chips。

括号和其他

1. 圆括号

首先，圆括号表示插入语①，这是它们的日常工作。圆括号成

---

① 当说到"brackets"时，英国人通常指圆括号，美国人通常指方括号。美国人把圆括号叫作"parentheses"。令人高兴的是，在大西洋两岸，括号的用法是一样的。在本书中，我提到"parenthesis"和"parentheses"时，并不指任何标点符号，而是为了描述它们所包含的非主要信息。

对出现，将括号里的内容与其他部分隔开，这些内容通常是句子大意的附加信息。一个非常简单的例子：

那只猫（亨利）坐在垫子上。

插入语中的内容可以短至一个单词，长至一个自给自足的句子。

ⅰ.他们决定（重新）考虑我的提议。

ⅱ.我带了主要的工具（卷发钳，橡胶手套，一截绳子和一把班卓里里琴）。

ⅲ.我希望我的律师能够让我免于诉讼（他是一所知名法律学校的研究生），但是我的希望落空了。

ⅳ.当我们到达茅屋时，食橱里什么都没有。（一定是之前的游客用光了。）

括号里的内容可以和主句语法一致，但这不是必须的。
因此：

他扔掉了洗澡水（和里面的孩子）：括号里的孩子是"扔"这个动作的宾语。

或者

他扔掉了洗澡水（里面还有一个孩了）：括号里的内容是一个独立子句。

所以，括号内的内容可以借助、也可以不借助括号外句子的语法；但反过来却不行。不论括号里的内容是什么，具有什么形式，括号外的句子在语法上都必须是个完整的句子。"The cat (and the dog) are sitting on the mat"［猫（和狗）正坐在垫子上］，如果你将括号及里面的内容去掉，那这个句子就行不通了，因为这个句子变成了单数主语搭配复数动词。你不能这样写："The cat are sitting on the mat."

遵循同样的逻辑，主句的标点必须独立于括号内容。比如：

如果费雷迪来了（他没来），我们就能凑够人数玩桥牌了。

保镖警告我们，如果我们再不离开舞池，就要把我们扔出俱乐部（尽管我们什么都没做错）。

你可以看到，在上面的 iii 句中，一个独立子句可以加入到另一个句子中。在 iv 句，你还可以看到，一个完整的句子也可以放在插入语的位置。请注意，在这句话中，我们将括号里的句子看作一个独立的句子来处理，以大写字母开头，并用句号结尾。

而在 iii 句中，括号里的内容没有句号也没有大写字母。如果插入语被加入到某个句子内部，那么这个插入语不会用句号结尾。因此，你永远也不能写："我希望我的律师能让我免于诉讼（他是一所知名法律学校的研究生。），但我的希望落空了。"然而，省略号、问号和感叹号是可以的。比如，你可以说："我希望我的律师能让我免于诉讼（他是一所知名法律学校的研究生！），但我的希望落空了。"或者："我希望我的律师能让我免于诉讼（他不是一所知名法律学校的研究生吗？），但我的希望落空了。"

你很少看到括号中的内容超过一到两个句子的情况。我们前面说过，人类的工作记忆是有限的，一个带有多从句的长句很难分析。你的大脑注意到左括号，然后就会一直关注着括号和里面的内容，直到看到右括号后，才会回到主句的意思上。因此，如果括号里的内容过多，那么应该考虑一下是否可以将其融合进主句中，或者改成一个或两个独立句子。

如果给之前的例子加上一个更长的插入语：

我希望我的律师能让我免于诉讼（他是一所知名法律学校的研究生，被评为哈佛法律学院的最高荣誉学生。同年的其他学生们，很多都成了上诉法院的法官），但我的希望落空了。

这样很混乱。如果插入语部分有这么长，那你需要把它解开。

我希望我的律师能让我免于诉讼。毕竟，他被评为哈佛法律学院的最高荣誉学生。同年的其他学生们，很多都成了上诉法院的法官。但我的希望落空了。

或者：

我有一个好律师：他被评为哈佛法律学院的最高荣誉学生，且同年的其他学生们，很多都成了上诉法院的法官。因此，我希望他能让我免于诉讼。然而，我没有这个运气。

括号里还可以有括号。比如：

《利西达斯》是由最伟大的英语诗人之一写的［约翰·弥尔顿（1608—1674），他也写了《失乐园》（1667）和《复乐园》（1671）］。

Lycidas was written by one of the greatest of the English poets (John Milton (1608–1674), who also wrote *Paradise Lost* (1667) and *Paradise Regained* (1671)).

如果括号里的括号的内容仅仅是这样的简单数字，通常是可以的。但是，如果这种情况出现得太多，也是不好的风格。那会让你的句子看起来更像是数学公式，而不是英语作品。

关于如何放置括号里的括号，并没有固定规则。最好的方法，就是不要这么做。如果你不得不这样——但一般情况下是不会的——你可以用方括号或花括号表示内部括号，让括号之间的等级更明显一些。但是我前面不止一次说过，避免括号里的括号是为读者效劳。

圆括号还有许多其他的常规用法。前面已经出现过，它们可以表示书本的出版年份，以及人物的出生、死亡年份。在某些正式情境下，括号里的内容可以提供补充信息："伯尼·桑德斯（佛蒙特州）"。它们可以解释首次使用的缩略词："DEFRA（the Department for the Environment, Fishing and Rural Affairs，即环境、捕鱼与乡村事务部）"，圆括号也可以用来表示词语或短语的翻译："The *aficionado*（enthusiast）will go weekly to the *corrida*（bullfight）."（热衷者会按周去看斗牛。斜体字为西班牙语。）

单括号可以表示按数字或字母排序的列表：

　　1）为了钱

　　2）为了表演

　　3）准备好

　　现在，出发…

2. 方括号

除非出现在上述括号里的括号里，其他大多数情况下，方括号被用来表示改动。它们表示引用的段落已经被修改或移除。

例如，在决定《伊拉克战争调查》的范围时，约翰·柴考特爵士（Sir John Chilcot）这样说：

> 我们的参考范围很广，但主要观点是由首相提出并获得下议院同意的，即，这是由枢密院顾问官委员会进行的调查。它将涵盖 2001 年夏天到 2009 年 7 月之间发生的事情，包括伊拉克冲突的酝酿，政府的决定和行动采取的方式，以此来尽可能准确地指出发生了什么，并从中找出教训。那些教训将确保在以后遇到相似情况时，为了国家的最大利益，政府会采取最有效的应对方式。

如果要在文章中或报纸上引用这段话，那么你需要运用方括号和省略号来表示不属于原说话者的内容，或者被你删掉的内容。因此，你或许会写成这样：

> 约翰博士说"［他调查的］参考范围很广［……］它会涵盖 2001 年夏天到 2009 年七月以来的事情。"他还说"那些（［t］hose）教训将会确保［……］为了国家的最大利益，政府会采取最有效的应对方式"。

引用者的第一个方括号是为了表达清晰，其中的内容不是约翰博士的原话。"约翰博士说'我们的参考范围很广……'"将会引起尴尬——这里的"我们",放在全句的语法中,暗示引用者也属于约翰博士所说的"我们"。

第二个方括号短语——里面是省略号——表示在"很广"和"它"之间的内容没有被引用过来。

第三个方括号——此处或许比一般的新闻稿更挑剔。或许你会直接将 those 放引用之外——表示原文"Those"中的大写字母(在原文中是句子的开头)在这里被引用者改成了小写 t。这是为了融入现在的句子,在结构上是非直接引语。[你不会写:"他还说,那些(Those)教训将会……"]

第四个方括号里是另一处省略号。[……]表示原文中的"在以后遇到相似情况时,"。这里的方括号加省略号尤其重要。即使缺失的是一系列结构完整的句子,为了学术上或报道上的严谨,你也应该标明此处有省略片段。

在标记对原文的编辑评论或批注时,方括号也是最好的方式。

奈杰尔·法拉奇[Nigel Farage,英国独立党领袖]已承认,如果英国支持脱欧公投,那么承诺每周拨款 3.5 亿给英国国家医疗服务体系就是个"错误"。[他是脱欧宣传刊物上的主要人物。]

如果你引用的句子有拼写错误,或某个词语很奇怪,那么习

惯做法是在后面加上［*sic*］以表示这个错误并非抄写错误。sic
要用斜体，但方括号不斜体："卡百利乐队（The Cranberries）的
第二张唱片中有一首歌叫作'Yeat's［*sic*］Grave'。"

如果你再热心一点，你或许会用方括号来纠正错误。对歌名
你不能这样做——恐怕卡百利乐队有意如此——但是：

他写道："我们正在延究［*sic*］这份报告提议。"

也可以改为以下句子来避免可能的嘲讽：

他写道："我们正在［研究］这份报告提议。"

3. 尖括号（或 v 形括号）和花括号

这些在英语中都不常用。它们在数学、乐谱、手写的研究稿
和电脑编程中有特殊功能，在这里我们不必考虑。

引号和单引号

简单来说，引号用来表示直接引语或引用书面内容。

'喂！'我说。

'喂！'莫蒂说。

'喂！喂！'

'喂！喂！喂！'

然后对话似乎很难进行下去了。

用单引号（'喂！'）还是双引号（"喂！"），这是风格问题，或者说是个人喜好问题。重要的是前后一致。和括号一样，引号也成对出现。同样，和括号一样，引号里有可能还有引号——理论上讲，甚至再里面还能有引号。但是，和括号不同，引号里的引号必须用不同形式。这是规定，不是个人选择的问题。如果你用双引号来引用别人的话，那么双引号里面的引号要用单引号。

> 我问玛丽发生了什么。玛丽哭着说："他把蛋奶派扔到我身上，大声喊道：'拿着吧，罗圈腿！'"

或者反过来：

> 我问玛丽发生了什么。玛丽哭着说：'他把蛋奶派扔到我身上，大声喊道："拿着吧，罗圈腿！"'

如果你用了好几层引号，那常规用法是，单引号和双引号交替使用。然而，为了方便读者，也为了自己头脑的清楚，你不会想要用太多引号。

还有一种选择，尤其是当引用部分很长时，那就是引语段。引语段不用引号来区分引用材料，而用缩进来标识。这至少可以让你表达"引用内的引用内的引用"（这个情况比你想象的要常见），而不至于使用一对以上的单双引号。

事实上，当你需要引用长段落时，即使没有遇到多层引用的麻烦，引语段也是一个很好的选择。它能够清楚地标识出引用段落，去掉一层标点符号，给读者喘气的机会。这就是为什么在本书的举例中，我经常使用引语段。不论是将引语段斜体，采用不同的字体或字号，还是在引语段周围留多少空间，这都是一个风格选择或偏好问题，只要前后一致就行。

在任何正式语境下，你应该确保你放在引号中间的内容**就是**原文的复刻。这是规则。这意味着不仅仅要用同样的单词、同样的顺序，不经删减，还意味着相同的时态、词性、大小写和相同的隐含参考内容。报纸，尤其是头条新闻，经常违背这一点。这会招来被引用者的愤怒，还会引起公众的困惑。

你可以选择直接引语或转述，即间接引语。我所指的是语法上的区别（被引用的内容其本身永远是直接引语）。比较下面的例子：

他说："我累了。"（直接引语）

他说他"累了"。（转述——他的话嵌入到句子语法中）

被引用的部分作为间接引语融入句子中时，其语法必须和

句子的语法连贯。比如，在二战结束时，巴顿将军（General
Patton）准备摧毁纳粹，你想要引用巴顿将军对第三军团说
的话：

> 我不想收到电报，说什么"我正在坚守阵地"。我们不
> 是要坚守阵地。我们要不断前进，没兴趣待在原地。我们要
> 抓住敌人，控制他，踢他的屁股；我们要踩蹦他们，不停地
> 踢他。我们的作战计划是前进，不停地前进。我们要穿过敌
> 人的阵营，就像把屎拉在自命不凡的人身上。

你或许会写：

> 巴顿将军说他的军队将要"抓住［敌人］并且［……］
> 踢他的屁股。

在这里，方括号的作用是确保挪用的语句符合整句语法，不
出现错误。

如果不用方括号，那你要么修改引语，要么就写成这样：

> 巴顿将军说他的军队"将要抓住他，并且我们要踢他的
> 屁股"。

问题在于，读者并不知道"他"是谁；而且"我们"使得句子的主语变成了第一人称复数，和其第三人称的结构不符（"他的军队"是间接引语的主语）。

所以，如果你想避免浮夸的方括号，你可以改成直接引语：

> 巴顿将军说："我们要不断前进，没兴趣待在原地。我们要抓住敌人，控制他，踢他的屁股。"①

用冒号（或逗号）来引出引语或者使用直接引语，的确会解决语法融合带来的问题。但这也意味着，你会经常被迫使用较长、较笨重的段落（这样其语法才能独立），而且你将有更少的机会去引导读者走向重要部分。

经常，你只想引用一或两个词。这种情况几乎都会用间接引语。如果某人在婚礼上发表了一通无聊又散漫的演讲，用46个词来表达"这是最好的一夜"，那么语言的经济性要求你这样说："他将婚礼形容为"最好的一夜""。你不应该原原本本地引用他的话。因此，理解语法融合非常重要。

和引用直接引语一样，引号也可以表示你正在介绍一个新的

---

① 严格来说，这里的句号应该放在引号外面，因为原文是用分号结尾。然而，当你引用的是口语时，原本语句的标点符号本来就只是大致接近的。巴顿将军没有说出那个分号。因此，我觉得在这里并不算错。如果原文是官方的书面文件，尤其是句子的结束并不是引语的结束时，对于引号内结尾标点的使用，你应该尤其小心。

或陌生的术语。例如：

用来表示新创词语的说法是"新词"（neologism）。

你也可以用引号来表示某人虽采用了某种用法或词语形式（而不是某人独特的词汇），但他并不一定认可这个用法。换句话说，这用来表示作者的中立性：

昨天开启了"地球上最伟大的表演"。

我们正在看的，是法律上第一次为实现"慈善保护"而做出的努力。

作为这一功能的延展或变形，引号有时也可以表示怀疑、讽刺或某种狡猾的语调。这时，引号有时被称为"着重引号"。当你想要说一些你觉得讨厌或荒谬的话时，它们是纸面上的信号，用来提醒读者竖起耳朵。

我侄子让我开车送他去"狂欢派对"。在我离开前，不幸看到他已经开始"跳舞"了。

我在派对上见到的顺势疗法医师热衷于"非传统医学"。

这样使用引号时，应非常谨慎。着重引号——尤其是运用已经固定下来的用法时——经常会让作者显得态度轻蔑或思想守旧。它们表示怀疑或厌恶，却没有给出清晰且诚恳的原因，会让你看起来好像正在吃自己的蛋糕，同时说着其他事，否认蛋糕是自己的。即便如此，好作家也可以用着重引号来达到幽默效果。已故编辑奥伯龙·沃（Auberon Waugh），为了激怒社会主义者，总是会用引号来引出"'工人'阶级"。

引号有时也被用来表示强调，尤其是在业余的广告牌上。如果你问我的话，我觉得这是彻彻底底的错误。毋庸置疑，在标准书面语中这是一个坏习惯——它让人们非常生气，甚至有人专门就此建立了一个博客（www.unnecessaryquotes.com）。

近期的例子包括：

选用我们"最新的"佛蒙特州奶酪配红酒……

"救生绳""仅供""紧急情况下使用"

我们有许多表示强调的方法。根据语境的不同，你可以选择**加粗**，*斜体*，<u>下划线</u>，甚至如果必要的话，可以全部大写。引号的作用是不一样的。

关于引号的另一个问题，我在前面已经举例（希望如此）并暗示过，但没有详细讨论。那就是：引号和附近的标点如何相处？

在大多数情况下，规则如下：只有原文里的内容放在引号内，这也包括标点符号。比如：

"我完蛋了！"他哀号道。

这里的感叹号属于直接引语，所以放在引号里面。

一个例外是，当引用某人的话——尤其是句子以直接引语开始时——通常做法是在第一个引号内用逗号。

"我们已准备好，"他说，"接纳他们所有人。"

一致性或逻辑性似乎暗示我们，这句话应该是：

"我们已准备好"，他说，"接纳他们所有人。"

但这里不该这样。永远也不会这样。对于这个不规则用法，我的理解是，"他说"就像是插入到句子中间的引语，有点像插入语。它位于敌军的地盘：句子的主要结构是引语部分。

当引用部分显然位于次要位置时，你会看到不同情况。

他说我们"就要到了"，因此我解开安全带，等着他大喊一声"我们到家了"。

和往常一样，没有什么一成不变的规则。例如严格来说，我们可以考虑以下变形：

　　"他是傻瓜吗？"戴夫问道。

　　"他是傻瓜！"戴夫说道。

　　"他是傻瓜，"戴夫重复道。

在前两句话中，引号内的符号是引语自己的。在第三句中，戴夫的话本来以句号结尾，但这里变成了逗号。但是，没有人会写成：

　　"他是傻瓜。"戴夫说道。

更糟的是，英式英语和美式英语用法的一个主要区别是，在英式用法中，当句号或逗号（不包括其他标点符号）紧挨着引号时（即用引号来结束一个短语或句子），句号或逗号要放在引号外。

而在美式用法中，情况相反。所以在英国，你会写：

　　在她称之为"游击队式美发"的书页上，莱斯利写道，"要用花园剪刀来设计一个非对称短发是很有可能的"。

一位美国的编辑可能会将这句话变为：

在她称之为"游击队式美发"的书页上，莱斯利写道，"要用花园剪刀来设计一个非对称短发是很有可能的。"

一些美国作家，比如史蒂芬·平克，和诸如维基百科这样的国际性组织都注意到了这个不符合逻辑的问题。杰弗里·普勒姆曾感伤地提议建立一个"印刷自由联盟"（"一大群人将在华盛顿城区的林肯纪念堂集结"）。

但有史以来，美国人就是这样做的。我们英国人其实也有很多不合逻辑的地方。

斜　杠

"OJ 辛普森的邮箱是什么？"在互联网早期，孩子们经常会开这样的玩笑。"\\\escape。"这并不很好笑：即使是那时候，也没有邮箱是这样的。即便如此，反斜杠（\）在电脑编程中确实有用，但在其他地方就没用了。

普通的斜杠，除了各种技术性用法之外，还出现在常规英语的许多固定短语中，通常用来代替"或者""和""连同""每"。比如，"他／她""和／或"是第一种用法；"洛厄尔／贝里曼／罗赛克那一代"是第二种用法；"厨房／餐车"或"居住／生活空间"是第三种用法；"45 千米／小时"是第四种用法。

有时斜杠也用来表示分数中分子和分母的区别（5/6），或者超过一年的某段时期：2015/2016 纳税年度。用来给诗歌或歌曲分行也很方便，如果你不用文字块的话："他们糟践你，你妈和你爸。/ 也许他们没想这么做，可他们做了。"你还可以用双斜杠划分诗节。

除了这些独特的缩写功能，在连续的文章中你很少会用到斜杠了。即使在上述用法中，也含有一些技术性意味；而你可以改成更散文化的形式。我建议你这样做。

着重号

着重不像是标点，倒更像是布局上的惯常用法。我在"使用数字"中讨论了队列的用法，在那里将包括着重号的应用。

标　签

这样的符号大多数出现在社交媒体上。在推特、Ins 和其他类似网站中，它们用来表示某个争论议题或共同话题：

@footiefan 裁判员需要戴副眼镜　#总决赛

或者作为这种用法的延伸，标签也可以表示评论：

@footiefan 裁判员需要戴副眼镜　#眼瞎的裁判 #视觉

挑战 # 裁判是视力上的傻子

&

在各种非正式或图像材料中，& 被用来代替 and。它的造型改编自拉丁语单词 et，名字是 "and per se and" 的缩写（在它还是字母表的第 27 个字母时，曾出现在 19 世纪孩子们编成的简易顺口溜中："x，y，z and per se [by itself] and."）。

严格意义上，& 是一个语素文字（用字符来表示文字），不是标点符号。公司名称可能会包含它，比如：Barnes & Noble 或 Marks & Spencer。它们也出现在某些固定的缩写短语中：R&B，或 B&B。学者们还会用 & 来表示引用的材料不止来自一个作者，即 "引自赫德尔斯顿 & 普鲁姆（2002）"。

很多诗人喜欢用 &。约翰·贝里曼（John Berryman）写道："6 点时病着 &9 点时还病着 / 哦，这就是亨利阴郁的周一早晨。"当需要在推特中满足字数限制，或给新闻标题节省空间时，& 非常方便。但在日常的、较为正式的文章中，& 没有什么作用。

笑脸（:-)）和其他表情符号

笑脸也是标点符号吗？这对学者们来说是个问题。在书面语中，我找不出表情符的任何语法功能。但是，它们的确会为旁边的英文单词提供微妙的、各种各样的情态修饰（或者更直白地说，对语调的暗示），这至少让表情符号和问号、感叹号等标点符号有点关系，比如问号或感叹号。对我来说，"O_o"就为前面的单词完美地表现出了帕丁顿熊式的星星眼。

笑脸符号已经有 35 年了——最初的笑脸由斯科特·法尔曼（Scott Fahlman）发明，他是卡内基·梅隆大学的计算机科学家，在 1982 年，他提议应该给各部门信息栏上的那些幽默帖子配上笑脸符号 :-) 来说明它们是开玩笑的。笑脸符号就这样流行了起来。

现在，每一个拥有智能手机的人都能使用那些成套设计好的表情符号（这些卡通的表情符号现在通常被称为 emoji）。然而，我更喜欢老式的那些用标点和其他字母组成的表情符号。许多年前，在我调查这个话题时，我发现了 "d8=" （"你的宠物河狸瞪大了眼珠，戴着安全帽"），"%\v" （"毕加索"），">-ii-<iiiii" （"快去找妈妈。一只巨大的螃蟹正在袭击企鹅"）。我手机键盘上那个胡桃木色、带着两个眼睛的小狗便便并不能让我觉得表情符号有了很大的进步，但是还不错。对这方面感兴趣的人，Emoji-pedia.org 上有很多表情，还带有 "翻译"。

不过，表情符号的语法似乎表明，它们总是跟在他们要注解或扩展的信息后面。一小串大拇指、蛋糕、装满啤酒的酒杯、蹦出的香槟木塞通常会出现在 "今天是我的生日！" 这句话的后面，而不是前面。同样，"我被甩了"很有可能出现在心碎表情的前面；但也不必一直如此。

而且，表情符号也不一定要作为书面文字的附庸，有时它们可以单独出现——2015年脸书将这一点形式化，在"点赞"按钮处增加了6种表情，分别代表"喜爱""不错""哈哈""哇""伤心"和"愤怒"。只用表情符号来对话——采取像纵横字谜游戏那种挑战智商的方式——让很多人觉得有趣。2016年7月，西伦敦的一家餐厅发布了用表情符号做成的菜单，人们对此有不同意见。你或许会觉得这一举动纯属胡搞，又或许会觉得这是大灾变中人们迄今为止未发现的天命骑士。

表情符号只能用在非正式交流中：短信，推文或某些邮件。它们极有可能一直只出现在这些场合中，尽管很多人害怕大学论文很快就会蹦出表情符号。在某种程度上，表情符号属于语言学家所说的"交际性谈话"①：它们告诉你，你正在进行何种对话，也即人们会使用表情符号的那种对话。这些对话提醒我们，作为符号资源库中的一种，标准英语是包容的。它不断地丰富自己，帮助我们获得快乐并更好地了解这个世界。

---

① 详细的讨论参见"观众意识，或愿者上钩"那一节。

5

句子手术：作家作为编辑

大概 25 年前，当我开始学开车时，我的教练叫作托尼·阿加特。阿加特先生——或"老阿加特"，他都这么叫自己——是位哲学爱好者。他那小小的、加柴油的雪铁龙汽车散发着香烟和薄荷的味道——薄荷是为了不被阿加特太太发现他抽烟而做的徒劳补救。我学得非常慢，因此和老阿加特在车里度过了许多时间。

他的谈话有特定的主题——除了可想而知的"救命！""呀！"和"我俩都要死了！"这些，还有他发现我开车很有"波动性"。是和挂挡的方式有关吗？总之，我把这句话当成赞美。

还有一个话题是，即使是最好的司机，也有手感好和不好的时候。有时，他会摇着头对我说："今天早上我开车去你家的时候，我差点撞上一辆车。我想：'阿加特，你今天早上不该上路。'总之，看好镜子、信号、方向盘……"

阿加特所说的，对文章也同样适用。每个人都会写出蹩脚的句子或段落。好作家与拙劣作家的区别就在于，好作家写的差句子通常要更少。这关乎提高击球率并降低你的不稳定性。

在我从事文学记者的工作时，偶尔会被要求为图书奖做出评价。在讨论会议上，要想否决一本书，最简单也最不费力的方式就是挑选出一大把不恰当或陈词滥调的句子，带着轻蔑，或更好的是带着真诚的遗憾大声朗读它们。一本8万字的书，基本上都能找出一大把这样的句子。除非其他评委十分强烈地拥护这本书——不过他们目前感受到了威胁，不愿意去看那些句子，耳朵像失聪了一样——否则通常情况下，那本书就被否决了。

和开车一样，对于写作而言，有两件重要的事：尽可能多地练习，并恰当地关注你正在做的事。第一件事是为了你自己；第二件事是为了你的读者。如果你在一边超车一边通过环状交叉路口时，能忍住不点燃香烟或打开薄荷糖，就更好了。

我一点也不怀疑，细心的读者能够在本书中发现许多低级错误和自相矛盾的地方。充满矛盾或错误的指南是乐趣所在。我的意思是，承认这一点对我有鼓励作用：你不可能一直都是对的，没有人能做到。

控制波动性的一个方法，是回去校对你的文章。我前面说过，大声读出来能够帮助你发现那个尴尬的片段。经验法也有帮助。这些句子中有没有太长的？主语和动词清楚吗？还有其他成分，都彼此紧贴且贴近句子开头吗？

有两种主要方式会造成句子失控。

并列结构（parataxis）——"para"在希腊语中代表"在旁边"——是指用诸如"和"或"但是"等连接词为句子添加成分。一个并列句就像一串香肠：

> 猫，不是猪、不是鸭、不是鸡，走进房间来，看向周围，看看哪里是最合适的地方，然后围着它转了三圈，用爪子按了按垫子的中心，最后坐到了垫子上。

并列句很冗长，但很容易处理：你只需把句子切分成不同的小句。比如上面这个句子中，主语（猫）有五个动词——走进、看、转圈、按，和最后的坐下：

> 猫走进房间。猪，鸭，鸡留在外面。猫正在寻找合适的位置。它围着垫子转了三圈，用爪子按了按垫子的中心，然后坐下了。

主从结构是一种有等级秩序的结构。你的主句相当于俄罗斯套娃的核心，中心意思被各种从句包裹。

> 那只猫，也就是猫这个物种的一员——最早来自草原斑猫 - 家猫，是一只四岁的蓝毛波斯猫，他的眼睛在角落灯光的照映下发出金红色的光，他累得站不动，于是坐在房屋地

板中央的垫子上。

拆解这个句子要更难一些。你需要决定在何处将句子拆开，哪个放在前面。你可以这样做：

那只猫坐在房屋中间的垫子上。那是家猫的一种，它们最早属于草原斑猫。这只猫四岁了，有着蓝色的毛发。在角落灯光的照耀下，它的眼睛发出金红色的光。

现在，根据你想强调的重点，你可以将这些句子按不同的方式打包起来。你想强调的是猫坐在垫子上的姿势吗？或者你想强调这只猫的长相？或者你想介绍猫科品种？每次你都要按照不同的方式进行切割。但是在最初的版本中，主语和动词之间有40个单词，这对读者来说是个大麻烦。

你也需要注意插入语——不论是搭配括号、斜线还是其他的符号——因为插入语会打断句子。我的一位老师坚持认为，你永远不应该使用插入语。我觉得这没有道理。但当你重读自己的作品、发现插入语时，至少试试看能否摒弃它们，或将插入语塞进其他句子里。

在本节中，我想要着眼于一些会给读者带来麻烦的句子或段落，并谈谈作为一个编辑，我会如何解决这些问题。所有例子都来源于专业写作，并且大部分由专业作家所写。我做的许多“校对"都是试验性的，它们只是许多修改方法中的一种。但是，我在前面的章节中说过，平实的风格是所有写作的基础。你必须有能力像拆枪那样拆解最难的句子，并把它的各个部分放到桌面上，看看哪一部分起了什么作用，看看哪个零件需要上油，然后才能重组。

比起这些例子，关于它们的讨论可能长得吓人。但是，正如我所说的，关注——密切地关注——是了解句子各部分如何工作的方式。如果我的风格显得不够正式，那也是我刻意为之：我希望这里的分析尽可能的像研讨会一样。我努力地与你对话，让你跟上我思想的过程。细心的编辑能够意识到、也应该意识到每个句子都具有不同的可能性。对于含混之处，细心的编辑能够做到精确对待。

华丽风暴

"简明英语组织"每年喜欢把奖颁给那些胡言乱语到没救的文章。2012 年，让人垂涎的奖项之一颁给了来自国民医疗保健系统诉讼管理机构的下面这段话：

> 委员会决定，综合考量上述总体因素，这个选项不能被给予重大的意义，并且目前适当性图谱中的间隔不足以得出以下结论：药学服务的供给目前没有满足恰当性标准的安全要求。据此，委员会决定：这份申请既不必要，也不足以确

保邻里有足够的药学服务，因此否决了在这方面的申请。

以防这些话不够清楚，他们是在拒绝再开一家药房的申请。

让我们看看第一句。顺便说一句，"上面"之后缺少了一个逗号——短语"综合考量上述全体因素"是一个插入语。一如既往，我们的首要任务是确定句子的主干。主语和谓语都在前面："委员会"和"决定"。用这三个词开头堪称典范——尽管用"我们决定"会更直接一些。委员会决定了什么？我们必须在插入语之后才能了解到。

这里的插入语在两方面造成混乱。第一，它打着官腔。"综合考量"是一种浮夸的说法，其实就是"鉴于"或"考虑到"；"全体"也是一种浮夸的说法，其实就是"所有"。第二，这些短语的组织方式太过松散，增加了抽象性。"having regard to"（综合考量）一词使动词"考量"名词化——让短语的重点落到了助动词"having"上，而非关键词"regarding"上。第二点则将直接的限定词"all"（所有）变成了抽象名词"全体"。通过"上述因素"，我们可以推断，作者指的是前面已经呈现并讨论过的证据。因此，你可以将开头的 13 个词语重组，变成这样：

考虑到这些因素，我们决定……

In light of this evidence, we decided...

或者

> 我们看了证据之后决定……
> *We looked at the evidence and decided...*

决定什么？"这个选项不能被给予重大的意义。"这是个拙劣的说法，其实就是想说——或者暗示——这个选项是我们考虑的因素之一，但并不足以获胜。在这里，句子又一次被拉向了抽象概念：被动结构（"不能被给予"）搭配另一个棘手的短语（"给予意义"），而微弱的动词勉强支撑着这个抽象结构的重点。这是我们关心的地方吗？如果"选择"不够"重大"，那可以说，我们根本就不需要这个短句。

这一句的第二部分也是如此。这里又有一处漏掉了逗号，这次是在"意义"之后。这里我们遇到了老朋友：复合句。当你用连词①把两个同等重要的句子连接起来时，一般会把逗号放在连词前面。这不是一个铁律——但它是一个很好的风格，短句除外。上帝知道，在读接下来的内容之前，你需要喘口气：

并且目前的适当性图谱中的间隔不足以得出药学服务的

---

① 比如"for""and""nor""but""or""yet"或"so"——还记得 FANBOYS 吗？

供给目前没有满足恰当性标准的安全要求这一结论。

看到句号的时候，我们在一个句子中已经见到了两次"结论""适当性"和"目前"，其中还夹杂着双重否定结构："不……没有……"每一个能拿掉一个抽象名词短语，或将其转化成动词的机会都被拿走了——"适当性图谱中的间隔""药学服务的供给""满足恰当性标准的安全要求"……这些对于读者来说，就像雷达机器上的糟糠。

如果你不明白上面那句话的意思——我尽可能再次清楚地复述一下，但即使是复述，这个句子也是一团乱麻——在这个领域，没有足够的药剂师缺失来证明本领域没有足够的药剂师。

这个等会儿再说。让我们先来看看第二个句子：

> 据此，委员会决定：这份申请既不必要，也不方便确保小区里有足够的药学服务供给，因此否决了在这方面的申请。

这个句子的两端都是多余的。"据此"和"在这方面"都只是清清嗓子的功能；如果你愿意的话，可以用"所以"或"因此"来替代"据此"，但其实也没有特别必要。关于委员会的决定或否决，我们已经听了两遍。这个文件的意思就是告诉我们，委员会做出了什么样的决定。而这一点我们在前一句中已经读到了。并且，这里又出现了"足够""供给"和"服务"，它们出现在一个崭新却同样烧脑的组合中，同时又创新性地加上了耸人听闻的"既不必要也不方便"。简化一下，这个句子说的是："这一领域没有必要再多一个药剂师。他们耳朵里听到的净是奶油、安德鲁斯盐和成人纸尿裤什么的。你不能开个尼禄咖啡馆吗？"

所以不用加注释，你可以将这 81 个词的句子改编成这样：

> 我们看过证据后认为，小区里已经有足够的药剂师了。我们拒绝这份申请。

我不是说，这是唯一的改编方式。你可以将它改成第三人称——"委员会决定"——如果风格需要的话。但是，如果你可以用最简单的方式来表达你想说的话，并保持这种风格，你就不太可能迷失在丛林中。

掉书袋

不久前，我被派去给一本著名小说家的传记写书评，这本传记是由一位文学学者写的。其中有一段让我印象深刻，摘录如下：

> 从本质上来说，创新型写作永远需要在对面给自己放置

一个文化上的巨兽，并且，对于反抗和创新的痴迷使得现代主义者忽略了那些令人尴尬的不便之处，在诸如写作的本质这种问题上混淆视听。如果重点在于重建文学范式，那么写得好与不好就会被忽略，据情况而定。纯粹的现代主义，对于那些风格或审美上才华不够的人来说，是一种逃避。如果你一心只想逃离传统写作，那么任何关于句子或段落是否技艺精湛的讨论，都会被激进主义逼下历史舞台。

除了洛可可式的短语——一个人会让自己面对巨兽吗？——第一个句子不是很难懂。现代主义者反对传统；对于创新的痴迷使他们忽略了文章的"本质"①。大体来说，这句话的意思是：创新写作作家过于痴迷于用不同的方式写作，以至于他们不再关注是否写得好。

同样，第二个句子也不是很难懂：作者说，如果重点是重新确立文学范式，那么写得好与不好这一点就会被忽略。换句话说，创新写作作家过度痴迷于用不同的方式写作，以至于他们不再关注是否写得好。

第三个句子说，纯粹的现代主义——即想要打破传统方式的创新理念——对于那些风格上不够有才华的人来说，是一种逃避。或者你也可以说：创新型写作作家过度痴迷于用不同的方式

---

① 二十世纪七十年代，有一个说法是，如果你是个朋克，那么你会不会唱歌或乐器根本不重要。上面这句话似乎是这句话的"知识分子"版本。

写作，以至于他们不再关注是否写得好。

第四个句子说，如果你一心只想逃离传统写作——你也可以说，让自己面对巨兽——那么你不必过分在意一个句子或段落是否技艺精湛。这就相当于是说……我相信你们已经猜到了。

"传声头像"乐队说过："已经说过的话，为什么要再说一次？"当你重读自己的作品时，注意这一点。即使优秀的专业写作者也有可能犯这个毛病。如果两个或更多连续的句子表达的是同样的观点，那么你发表的就是一个草稿，而非成稿。你需要把它们变成一个能够精炼地表达你想法的句子。并且，句子一开始越清楚——如果你喜欢的话，没有巨兽——读者越容易发现它们其实都在绕着同一个花柱跳舞。

含混不清

这个例子来自最近另一本受人尊敬且有趣的传记，我必须读三到四遍才能理解它。看看你懂不懂：

因为描述期望落空的失望要求他借鉴自己的经验来理解别人对于失望的感受，相应的，期望与失望、信任与背叛、或仅仅是不同观点之间的循环往复，使得他创造的人物活了起来，凭借角色之间的不同观点，他使每个角色得到了解放。

And because portraying the disappointment of expectations

required him to draw on his own experience to imagine how those expectations would feel to those who held them, the shuttling back and forth between expectation and disappointment, between belief and its betrayal, or simply between different points of view in turn animated the characters he created, pulling them into relief by virtue of the difference between their views and those of their counterparts.

一如既往：主语在哪？在这个例子中，名词狡猾地伪装成了动词形式："循环往返"（the shuttling）。这是一个动名词——由动词的现在分词形式做名词。并且，在这个例子中，动名词嵌入了长长的同位语结构中，"相应的，期望与失望、信任与背叛、或仅仅是不同观点之间的循环往复。"这"循环往复"要做什么？它"使得他创造的人物活了起来"。"使得……活了起来"（animated）是主动词。"人物"（the characters）是宾语。主句可简写为：

循环往复使人物活了起来。

但是在我们读到主句前，必须先经过主句之前长长的从句："因为描述期望落空的失望要求他借鉴自己的经验来理解别人对于失望的感受。"当看到"因为"时，句子就开始悬着：因为这些……然后呢？我们可以将这个句子进行简化，加入主句中。
比如：

> 他必须借鉴自己的经验来理解别人对于失望的感受。

这个句子本身就可以独立成句，也可以——为了保持以"因
为"开头的句式连接方式——作为复合句的第一部分。你可以用
"因此……"来代替悬挂在句子开头处的"因为"：

> 他必须借鉴自己的经验来理解别人对于失望的感受，因
> 此相应的，期望与失望、信任与背叛，或仅仅是不同观点之
> 间的循环往复，使得他创造的人物活了起来。

但这样仍然很笨重：在"循环往复"和"活了起来"之间仍
然存在一大块句子组织。实际上，那一大块就是动词"使……活
了起来"的主语。

事实上，被动语态或许能够让生活更简单，这就是个很好的
例子。通过运用被动语态，你可以将句子的第二部分变成右向分
支结构。

> 他必须借鉴自己的经验来理解别人对于失望的感受，因
> 此相应的，他创造的人物被期望与失望、信任与背叛、或仅

仅是不同观点之间的循环往复激活了……

　　这不是完美的句子，青少年们仍然会觉得它丑陋。但是这样已经好多了。

　　我们还有最后一节松散的结构需要处理。原句的结尾是：

　　……凭借角色之间的不同观点，他使每个角色得到了解放。

　　通过将"人物"提到前面，我解决了一个问题，同时又增添了一个问题：现在这部分应该放在哪？你可以将它放在原处，改成被动语态——"并且得到了解放……"但是读者读起来仍然很费劲。因此，为什么不把它变成一个新句子呢？"凭借角色之间的不同观点，每个角色都得到了解放。"

　　因此，整个句子可以写成：

　　他必须借鉴自己的经验来理解别人对于失望的感受，因此相应的，他创造的人物被期望与失望、信任与背叛，或仅仅是不同观点之间的循环往复激活了。凭借角色之间的不同观点，每个角色都得到了解放。

　　这样的删减或许很粗糙。但从语法上来讲，这样的句子更易读。它让每个主句中的主语和动词以自然的顺序位于句子前端，帮助读者理解这个句子。"他必须借鉴……人物被激活了……得到了解放。"

你或许认为这个句子仍然有些晦涩。是作者自己的经历创造了情感的循环往复吗？还是指不同角色之间不同观点的循环往复？或者是每个角色内心期望和失望的循环往复？经过这样的循环往复，是角色的同类——即其他角色——让角色解放吗？还是他们观点的多样性？

我猜测，写这个段落的作者本身就有些困惑。因此，这里要说到乔治·奥威尔的著名观点：清晰的写作能够解决混乱的思想。这不仅仅是指如果你想得不够清楚，你就写不清楚；还有，如果你写不清楚，你甚至都不知道自己没有想清楚。

怪　兽

有一个并不是很差的句子——或者说没有差到家的句子。但它相当于葛底斯堡演说三分之二的长度，所以肯定是编辑们要修改的对象。我要感谢这个句子原作者的儿子，也就是我在新闻业的老友汤姆·尤特利（Tom Utley）。

当汤姆还是个孩子时，他12岁姐姐的家庭作业是写一个非常长的句子。她请教他们的父亲，记者T. E.尤特利（T. E. Ut-ley）。在汤姆的记忆中，T. E."深吸一口香烟，想了大概三秒钟，然后开始口述。他说的句子长得可怕——对于 12 岁孩子的家庭作业来说太华丽了——因此我和我姐姐挑战了自己，将它背了下来。从此，那个句子就待在我的脑子里。"

这个句子是：

> 使社会团结起来的因素，不论是小社会还是大社会，不论是国家还是学校，都是多样的、复杂的，很难定义，以任何一种行为准则或信条都不足以充分表达，它们以微妙而沉寂的方式发挥综合作用；然而，尽管这些因素很强，能够让意志和努力自然结合——意志和努力在某种意义上是所有社会的标志，但它们也尤其是一个自由社会的光辉标志——但这些因素永远不足以让社会取消对于蓄意破坏者、小偷、不共戴天的仇敌的刑事制裁，刑事制裁是公民政府的常规工具，取消它并不代表着对于自由的崇高追求，像"进取人士"通常认为的那样，相反，是对让自由成为可能的环境和限制条件的残忍无视。

到底该怎么拆分这个句子？像往常一样，我们先从句子主干开始：找主句。主语马上出现了，"因素"。它后面跟着大量流畅的修饰语——"使社会团结起来，不论是小社会还是大社会，不论是国家还是学校"——然后我们才看到动词"是"以及谓语"多样的、复杂的"。

后面的内容聚集在一起是为了表达这些因素的其他特性。"难以定义""足够表达"等以同位语的方式呈现，它们是对于"多样性、复杂性"的补充还是构成因素，这一点由读者来决定。"方式"后的逗号是复合句中第一句和第二句的分割。当我们再回来时会分析这一点。

如果想要简化这个句子，我们现在有了一些方法。我们知道这个陈述句的核心：使社会团结起来的因素是多样的、复杂的。这个句子过于抽象：作为主动词的"是"比"使……团结"要弱一些；"多样的、复杂的"听起来很宏伟。可以少些豪言壮语——同时准确性几乎不变：

许多不同的因素使社会团结起来。

你能删掉任何一个修饰从句吗？你或许会用铅笔标红"不论是小社会还是大社会"：它使句子抑扬顿挫，但没有实质意义。除非作者是想告诉我们，中等规格的社会完全不同，否则的话，他完全不需要声明他针对的是大社会和小社会："社会"是一个统称，除非有其他修饰。

红色铅笔也会在"不论是国家还是学校"处徘徊。如果作者想表明此处的"社会"具有比部落或国家更广泛的意义，那么这个修饰成分就是有意义、有作用的。

许多不同的因素使社会团结起来，不论是国家还是学校。

在此之后的从句（"很难定义，以任何一种行为准则或信条都不足以充分表达，它们以微妙的方式发挥综合作用"）可以轻易地分成两个句子或独立成句。并且，为什么不采用陈述语气呢？

这些因素很难用一个信条或行为准则去定义或表达。它们微妙而沉寂地发挥作用；

现在——深呼吸——让我们小心翼翼地走过分号，进入更冗长的第二句。主句在哪？如果你去掉前后所有的从句，你会得到：

它们（这些因素）不足以取消刑事制裁……

换句话说，整个句子的意思是："让社会团结起来的因素有很多，一个信封背面的空间写不下，但是不论这些因素多么强大，你仍然需要法律的制约。"

但是在分号和主句主语之间有一个插入语，插入语中还有插入语，之后还有插入语，像香蕉一样连在一起。为了让它们清楚（一些），我将每一个插入语分行列出：

> 然而，
>
> 尽管这些因素很强
>
> 让意志和努力自发结合
>
> 意志和努力在某种意义上是所有社会的标志
>
> 但它们也尤其是一个自由社会的光辉标志
>
> 但这些因素永远不足以

从风格上说，这些句子非常奇妙。尤特利对于节奏的掌握很好，其语法部分也比那些令人困惑的句子更好理解。但这个句子仍然很棘手。所以，放下枪吧。

一个简单的处理方法是将长句分解成更小的句子。记住：这个句子怪兽都是由主语"因素"引导的。因此不必将句意改变太多，你可以说：

> 这些因素让意志和努力自发结合，意志和努力是所有社会的标志，尤其是一个自由社会的光辉标志。

然后你暂时返回原句，面对插入语：

> 然而，尽管这些因素很强，但它们永远不足以让社会取消对于蓄意破坏者、小偷、不共戴天的仇敌的刑事制裁，
>
> 刑事制裁是公民政府的常规工具，

取消它们并不代表着对于自由的崇高追求，

像"进取人士"通常认为的那样，

相反，是对让自由成为可能的环境和限制条件的残忍
无视。

又一次，每个句子都延伸到另一个从句中。因此，让我们采取
同样的方法，将长句划分成短一些的句子，并将中心思想放在前面。

然而，尽管这些因素很强，但它们永远不足以让社会取
消对于蓄意破坏者、小偷、不共戴天的仇敌的刑事制裁。刑
事制裁是公民政府的常规工具。"进取人士"认为取消它们
代表着对于自由的崇高追求；事实上，取消刑事制裁是对让
自由成为可能的环境和限制条件的残忍无视。

我在此进行了一些轻微的改动，但仍试图保留尤特利的
用词。

你也可以进一步改写成简明风格：

不论这些因素多么强大，它们永远不足以让一个社会取
消法律。对于罪犯的制裁是一个公民政府的常规部分。"进
取人士"认为取消制裁可以表示对自由的追求；事实上，那
是对让自由成为可能的条件的轻视。

但是，一如既往，编辑的任务是考虑语调和语言的得体。尤特利宏伟的语调非常适合这个宏大话题①，我们很有可能过度简化了他的写作。我们都曾有过这样的经历：从理发店里走出来，期望自己没有提出"再短一点"的绝对要求。因此，我倾向于折中处理——既保留尤特利的部分修辞和大部分词语，又让句子更易理解：

> 许多不同的因素使社会团结起来，不论是国家还是学校。这些因素很难用一个信条或行为准则去定义或表达，它们微妙而沉寂地发挥作用。这些因素让意志和努力自发结合，意志和努力是所有社会的标志，尤其是一个自由社会的光辉标志。然而，尽管这些因素很强，但它们永远不足以让社会取消对于蓄意破坏者、小偷、不共戴天的仇敌的刑事制裁。刑事制裁是公民政府的常规工具。"进取人士"认为取消它们代表着对于自由的崇高追求；事实上，取消刑事制裁是对让自由成为可能的环境和限制条件的残忍无视。

阻断者

写这几页时，我经常受到提醒：要分析一个主语和动词——

---

① 同样也符合女儿对一个长得可怕的句子的需求；同样，在这个语境下，这也是一个好笑话。

有时是动词和宾语——不在一起的句子有多难。这的确是个问题，但这不是唯一的困难。你还需要考虑句子与前后句之间的关系，句子内部的强调成分，以及句子的韵律。这些问题经常被边缘化。正确的方法是，如果你有时间的话，对句子进行修补，看效果如何。下面是我在校对一篇书评时反复考虑过的句子：

> 威尔森的论点——1850 年代标志着现代化的到来——是否完全成立有待考究。

这个句子有些沉闷。插入语有 15 个音节——"1850 年代标志着现代化的到来"——打断了一共 16 个音节的主句。问题在于，这个冗长的插入语尽管可行，却打断了句子的主句部分，即条件从句"威尔森的论点是否完全成立"。

你或许认为——并且你的大脑也认为——这个句子的主动词是"成立"。但事实并非如此。主动词是"是"。但在你的大脑理解到这一点之前，聚光灯提前照到了"成立"上。

一种修改方法是让句子的顺序更自然：

> 有待考究的是威尔森的论点——1850 年代标志着现代化的到来——是否完全成立。

这里，至少句子的主语和动词在第一音节。但那个长长的从句仍然插在中间。问题是你无法将插入语改成单独的句子，它必须紧跟着它所解释的单词（"论点"）。

因此，或许对读者更友好的方式是将插入语拎出来，把原句切分成两个不同的句子。

稍微修改后：

> 威尔森的论点是，1850 年代标志着现代化的到来。它是否完全成立有待考究。

或许你不喜欢原作者累赘、无力的名词和客观的结构（"威尔逊的论点是""……的到来""有待考究"）。那么，大改之后：

> 威尔森认为现代化从 1850 年代开始。我不赞同。

但这样改变的不仅仅是作者的风格，还有句子的重点。在原句中，作者并没有说这个论点是错的，只是有待考究——虽然语气要委婉一些，但说的是两码事。他没有将自己放入其中——或许是一种逃避，但这也是作者自己的逃避。尽管或多或少采用了原作者的用词，我稍加修改的版本仍然改变了句子重点。原句的重点是"有待考究"，而不是论点的内容。

最后该怎么办？我让句子以原句的方式印出。这是正确的决定吗？由你来判断。编辑时，你不仅有责任让句子更易读，还要尊重作者的确切意思和作者自己的风格（这同样也是作者和读者的责任）。再次声明，所有这些都是风格的需要——当你给自己编辑时，也要像给别人编辑那样负责。

6

华丽的辞藻：让故事生动

约瑟夫·康拉德（Joseph Conrad）在《水仙号上的黑水手》（*The Nigger Of The Narcissus*）中写道："我的任务，是运用文字的力量，让你能够听见世界，感受世界——在这之前，首先要让你看见世界。"

这是各类写作的共同目标。康拉德的三个目标之所以与众不同，在于它们将写作与其描述的世界紧密相连。这点体现出风格指南的最根本建议：不要抽象地写，要具体地写。

如我前面讨论过的那样，即使在安静的读书过程中，你也会调动大脑中有关图像和声音的部分。语言能够巧妙地进入抽象领域，但是它要通过具体的声音和形象来实现。如果你能把声音和形象融入一段叙事里，那么这段叙事会更有说服力。人们会对形象和故事做出反应。用具体的形象来阐明抽象的观点，就能调动人们的反应。

当政客们大谈政府机构结构改革问题，或国家供给较私人供

给的优点时，他们不可避免地要运用具体实例。在美国国会联合
大会首次发言中，特朗普总统讲述了一位年轻女人梅根·克劳利
（Megan Crowley）战胜致命疾病的故事，成功吸引了听众的注意
力。在这个故事中，特朗普总统讲述了梅根的父亲如何为她争取医
疗服务，并以此作为引子，介绍了自己意欲撤销对美国食品与药物
管理局的管制的计划："我们国家缓慢又繁杂的医疗许可申请程序
使得那些需要救助的人得不到帮助，就像梅根的故事里那样。"

在写作中，你也会经常寻找"梅根·克劳利"这样的故事。这
些故事或许并不都这么感人，但是只要故事具有独特性，即来源于
"生活体验"，那么一些共性的情感就能得到最有效的表达。

讲故事

史蒂夫·乔布斯 2005 年在斯坦福大学毕业典礼上的演讲在
网络上十分流行。他是这样开头的：

> 今天我想给大家讲三个我自己的故事。不讲别的，也不
> 是什么了不起的大事，就是三个故事。

"我想给你讲一个故事。"一听到这句话，我们的耳朵就竖
起来了。为什么故事这么有吸引力？首先，听故事让人产生共鸣
或认同感。当我们听到一个小女孩在等待手术，或一只青蛙被公
主吻了的时候，我们把自己也代入了故事中。我们会想象，那个

女孩，或者她的父母会是什么样的；我们会觉得自己就是那只青蛙，或公主。认同感是说服力的核心。

再者，人们想知道接下来会发生什么。讲故事就是不断吸引注意力的一种策略。就像契科夫（Chekhov）说的那样，如果你在第一章注意到"墙上挂了一把步枪"，那么"在第二章或者第三章，这把步枪必须要射击"。在你提到这把步枪的时候，你就吸引了读者。如果你描述了一个处在危机之中或进退两难的人，那么观众就想知道事态会怎样发展。这个少女该如何逃离铁轨？公主会选择哪一个追求者？

另外，还有一个更重要的原因：故事能够塑造经历。故事中暗含着秩序和因果关系。在生活中，事情经常随机发生。而在故事中，事情的发生总是有因可循的。读者可以确信的是，如果哈利·波特死了，那肯定不会像第四部四分之一处那样，哈利被人行道上的石头绊倒了，然后掉进了井里，摔断了脖子。他一定会在与伏地魔的戏剧性对抗中死去。而像《逍遥骑士》（*Easy Rider*）那种结局——不知从哪来的路人开枪杀死了主人公并扬长而去——是为了刻意打破观众的期待而设置的。

尼古拉·巴克（Nicola Barker）在其小说《噢》（*The Yips*）中写得很好。人物甲问人物乙，她的人生哲学是什么。"没有，"她回答说，"没有指导。没有生活结构。没有成功。没有真正的结果。生活就是一个接一个的事情。"

"事情？"人物甲问道。

"是的，事情。就比如，这儿有一堆事儿，那儿有一堆事儿，这儿还有一堆事儿。就是事情——越来越多的事情。虽然它们看起来有不同的颜色，不同的名字，但其实都是一回事；它们一个个地堆叠，形成一堆乱七八糟的东西……"

这堆乱七八糟的东西就是生活真实的样子。而故事，就是将这些事情排序。一个讲得好、有说服力的故事，可以引出叙事中隐含的逻辑顺序。如果那个打开图坦卡蒙墓穴的人六个月后死于败血症，那么在这两件事之间建立联系是作家的本能反应。叙事逻辑要求我们这样做，而不是得出一个清晰的结论，证明考古学上的成果和败血症之间没有关系。

文学理论家们可能就轶事和寓言的区别，或者写实与比喻的区别而争论，然而读者们对此却不那么在意。我们听到一个故事时，自然而然地会去寻找它的原型，会去思考这样的故事反映了什么样的经历，有着怎样深刻的寓意。正如戴尔·卡耐基（Dale Carnegie）所说的那样，"世界的真理往往就潜伏在那些迷人的故事中。"

乔布斯的三个故事——一个关于"连点成线"，一个关于"好恶与得失"，一个关于"死亡"——都是一些典型的故事：他讲自己的故事，就是在讲我们所有人的故事①。因此，讲故事是连

---

① 实际上，今天几乎所有的 TED 演讲都会以乔布斯这样的范式开头。"让我给你们讲一个故事……"在"如何像 TED 那样讲话"（*How To Talk Like TED*）中，卡迈恩·加洛（Carmine Gallo）发现，民权律师布莱恩·史蒂文森（Bryan Stevenson）的讲话中有 65% 的时间都在讲故事，而他也赢得了 TED 历史上最长时间的起立鼓掌。

接精神的方式，能让听众产生一种认同感。美国学者布琳·布朗
（Brene Brown）就曾将故事称为"有灵魂的数据"。

描绘图像

演讲者或者作家通过语言来构建图像，古代的人用"enar-gia"来形容这种方式。这和讲故事的本能大同小异。如果细节是具体的，那么你的读者就会投入到你所讲的故事或描绘的场景中去。那些细节必须能够调动感官，你不仅要描述东西的外表，还要包括整个场景的味道、感觉和气味等。

有一个例子足以说明问题。2016 年总统竞选前夕，贝拉克·奥巴马（Barack Obama）在美国弗吉尼亚州的马纳萨斯发表演讲，讲到了自己 2008 年竞选总统时的经历。故事中讲到他为了获得认可，曾承诺去卡罗来纳州南部城镇格林伍德实地考察。他一直在全国各地竞选，在午夜时分到达卡罗来纳州南部，直到凌晨一点左右才到达宾馆。他筋疲力尽。但就当他想要去睡觉时，他的副手拍了拍他的肩膀，提醒他——那时他已经忘了——他必须在早上六点起床去格林伍德。

奥巴马这样描述第二天起床的情形：

> 我感到非常难受。我太累了，觉得自己好像感冒了。我拉开窗帘，外面正飘泼大雨。糟糕的一天。我给自己煮了一杯咖啡，从屋外把报纸拿进来，打开一看，正是《纽约时报》

一篇关于我的负面报道。然后我洗漱完毕，刮了胡子，摇摇
晃晃地走出门去，仍感到头昏眼花……突然我的雨伞被吹走
了。你有过这样的经历吗？我被淋湿了。湿透了！我……湿
透了。

当然，这是通过口语而不是书面语来描绘图像。其中很多
特征——现在时叙述、重复用词、手势和面部表情——搭配口
语表达尤其有效。但原理都是适用的。从逻辑上来说，观众无须
知道关于咖啡、刮胡子和报纸的细节。他们不需要了解奥巴马
八年前的一场感冒，或者那天的坏天气。但是观众被带入情境
中——"你有过这样的经历吗？"这句话说得很清楚了。这个故
事让人感觉到真实，让读者能够感同身受。你能够知道当时的场
景，并且，最重要的是你对讲话者产生了认同感。你随着他一起
去往格林伍德；当你到达时，你会投入到他接下来要讲的故事中，
即一位鼓舞人心的竞选活动志愿者如何帮助疲惫的奥巴马重返
赛场。

隐喻、明喻和类比

将一个东西放到另一个东西的位置上，用一个词代替一件物
品——这就是语言的本质。因此，我们自然而然地会对隐喻作出
回应，它们是在图像或观点上用一个词代替一件事。

类比除了能让语言更生动，还能带来其他好处。它可以用

熟悉的话表示不熟悉的观点，用具体表示抽象。已故的《银河系漫游指南》(*The Hitch-Hiker's Guide to the Galaxy*) 作者道格拉斯·亚当斯 (Douglas Adams) 提供了一个很好的例子。作为一个坚定的无神论者，他想要反对常识性的"智慧设计论"观点。相信这一观点的人认为，人类能够如此完美地适应周围的环境，且世界如此复杂，事物相互依赖，一定是因为被设计成这样的。亚当斯给出了这样的类比：

> 这就像某天早晨，一个水坑醒来后想到："我存在的世界真是一个有趣的世界——我存在的这个洞也很有趣——它太适合我了，不是吗？事实上，它对我来说严丝合缝。一定是有人设计让我进来的！"

首先，这个类比很好玩。让观众大笑是赢得善意的方式。同时，这个类比代替了一个复杂而泛泛的目的性观点，且给了它一个荒诞主义的转折。亚当斯不仅嘲笑了智慧设计论里暗含的骄傲——他给出了一个谦卑的观点，认为人和水坑里的水差不多——他还暗示智慧设计论背后的逻辑非常混乱。因为我们如此适应环境，所以周围的环境是被设计出来适应我们的？为什么不是反过来？

对复杂的金融交易进行抽象化表达也是如此。资深投资人沃伦·巴菲特 (Warren Buffett) 在谈论飙升的市场上未经证实的技术股和复杂的人工金融工具时，提出了著名的格言：只有退潮的时候才知道谁在裸泳。

对科幻作家来说，隐喻和类比在处理高级物理或数学等抽象问题时尤其有效。卡洛·罗威利（Carol Rovelli）写道："科学从一种视角开始。科学思想来自'看待'事物的不同方法。"我们中很少有人能够掌握广义相对论的公式——但是我们能够将四维空间转化为三维的时空曲率：一个沉甸甸的球坐在蹦床上，让一个乒乓球从它身边滚过，那么重球表面的曲率会影响轻球的路径。这是因为重力。

关于混沌理论、时间之箭和热力学第二定律，没有什么比汤姆·斯托帕德（Tom Stoppard）在《阿卡迪亚》（*Arcadia*）里的解释更新颖：

> 当你搅拌你的大米布丁时，塞普蒂默斯，一勺果酱散开时的红色轨迹就像我天文学图集上的彗星图片。但如果你反方向搅拌，果酱又会重新堆在一起。的确，布丁不会察觉，它仍然和之前一样红。你觉得这奇怪吗？

隐喻和类比具有强大的魔力，但也应谨慎使用。高德温法则——在在线讨论不断发展的情况下，把用户或其言行与希特勒或纳粹主义类比的概率会不断增大——就是最明显的原因。当你将一件事比作另一件事时，要记住，你正在将比较器中所有模糊不清的东西带入比较中。如果你的比较器是大米布丁的话，这就不成问题。当涉及伦理或私人问题时，对比会更有煽动性。

假设政府要推出一个大型公共项目来推动经济发展。从技术上来说，将它比喻成希特勒的德国计划或许是对的，但这马上会引起公愤。希特勒会带来一长串的含义，人们很难马上将他的凯恩斯主义与狂妄自大、大屠杀、露天场所的喊叫和愚蠢的胡子分开。

类比或隐喻不可避免的问题在于歪曲。当政客们用家庭预算来表示宏观经济时——他们运用了一个吸引人的、容易理解的类比。但是正如经济学家们解释的那样，它们并不相等。个案研究和例证也是这样。有科学头脑的人们经常会说："大量的轶事并不构成数据。"[①]

所以你要选好运用类比的场合。但毋庸置疑，人性化的举例、难忘的类比或引人共鸣的故事能够有效地缓解沉重气氛。查尔斯·汤姆林森（Charles Tomlinson）在《关于约翰·康斯太勃尔的沉思》（"A Meditation on John Constable"）一诗中写道："艺术家撒谎 / 是为了改善真理。相信他。"

抑扬顿挫

"韵律。音节和声音的游戏。当我写作时，我听到一些

---

① 事实上，这句话需要更细致的考究。严格意义上来讲，大量的轶事能构成数据。从本质上来说，医学试验就是将数以万计的个体生命健康的轶事整合起来，得出（希望如此）一个可以预测的、准确的数据库。奇怪的是，这句话本来就是这个意思。政治科学家雷·沃尔芬格（Ray Wolfinger）写道，"大量的轶事构成数据"，但这句话却被一些"聪明人"误传。然而，单个的轶事肯定不是数据。

不可思议的声音。"——唐·德里罗（Don DeLillo）

神经科学和我们的经验都证明，就连默读也是一种听觉体验。当我们谈论语句的抑扬顿挫时，我们讨论的相当于诗歌中的韵律：词语的声音。当我们形容某物"写得很好"时，很大一部分取决于它的声音。抑扬顿挫就是句子的韵律，并且它是写作中极其重要的一部分，同样也是最难从形式上讨论的一方面。

散文并不像传统诗句那样有节奏。英语诗句最基本的抑扬格韵律是"轻重轻重轻重轻重"，用这样的节奏写散文会很可笑。但散文的确也有自己的停顿、急流和琶音。至于标点符号，我在前面章节中讨论过，最初就是在大声朗读时表示停顿的符号——它们现在仍有这样的作用。

因此，当你打断句子、写下逗号时，不论这个句子中的单词是多音节词还是短词，都会影响阅读的流畅性。一个优秀的作家不仅有大脑，他（或她）还有耳朵。读得越多，写得越多，你的耳朵就会越好用，你就越能写出"感觉"正确的句子。

但是——这一点说多少遍都不为过——耳朵需要训练。有经验的作曲家能够读出音乐并在大脑中"听到"乐曲。有经验的作家也是这样。但是很多非常有经验的作家仍然采用一个很简单的技巧来检验：他们大声朗读自己写的东西。如果你在写完草稿后就这样做，你将收获一切，什么都不再失去。

比如，在大声朗读时，主语和动词之间的分离会变得尤其明显，你会发现自己的声音一直拖着，大脑在等待第二只鞋落下。你甚至会发现——如果在主要事件之间有足够多的从句；如果，像这个句子这样，在词语"发现"和后面你最终会发现的问题之间有长长的干扰句——你就会喘不过气，很难读下来。

为罗纳德·里根（Ronald Reagan）写演讲稿的佩姬·努南（Peggy Noonan）说过："当你写完演讲稿的初稿时，站起来，大声朗读。卡住的地方，你要修改。"当然，这对演讲来说尤其有道理：在演讲中，你要努力做到不吞吞吐吐。像"红卡车，黄卡车"这样的绕口令总是说起来比写起来难。但这对写散文也同样是个好建议。大声朗读和默读之间有一种发展联系——还有神经学上的联系。

你塑造句子的方式可以将事情的速度放缓或加快。句尾开放句，尤其是短句子，让读者更容易往下阅读，这点我们已经说过了。但有时，你也可以运用子句或插入语来延缓句子的速度——在最后的词到来时，让句子更加具有威严，更让人满意。

当你机械地听从作家们的标准写作建议并误入迷途时，缺少抑扬顿挫就是最主要的原因。的确，主语和谓语在前的句尾开放句更好理解。但如果你作品中每个句子的句式都相同，那么读者大脑听到的声音就很单调，他们的大脑也会随之关闭。没有跳跃，没有延展，没有句子流淌的感觉。的确，你的目标是移走不必要的单词。但有时一个单词具有的或许是节奏上的意义，而不是语义上的意义。Syntheton，即当你将两个单词或短语放在一起时——比如"力量和毅力""男人和女人"——它们通常不会增添意思，但会给句子或从句增加重量感。的确，短句比长句更易消化。但是如果你所有的句子都很短，那听起来就像"珍妮特和约翰"系列中的故事了。

就像诗歌的韵律和音乐性那样，读到具有可预测性和变化的韵律时，大脑开始激动。没有变化的秩序是单调的；没有秩序的变化——即没有一个普遍的样式——只是白噪音。这说得通：从进化论的角度看，我们都是寻找样式的动物。我们倾向于发现周围世界的普遍规律，然后来检验我们的预测在特殊情况下是否适用。

因此，变化的句子结构和长度——不是胡乱变化，而是能够吸引读者注意力的变化——是非常重要的。句子不是单独存在的，句子之间有相互关系，就像作者和读者那样。一段文章应该是一系列独立断言的顺序排列。散文旨在捕捉思想的运动——当我们思考时，我们会犹豫、会限定、断言、走神，或再次强调。在句与句之间使用过渡能帮助写作产生样式，或许是以连接词引领一个句子，或许是以否定开头。一个结构严谨的主谓宾简单句或许在某个位置是理想的，单独存在时或许也是理想的。但若前面五个句子都是同样的主谓宾简单句，那这第六个简单句就足以扼杀文章的韵律。

让我们看一个韵律足够好的句子，它是语言史上最著名的句子之一。下面是乔治·艾略特（George Eliot）《米德尔马契》

（*Middlemarch*）的最后一行，它想说的是，当读者离开女主多萝西后，她仍旧会默默无悔地行善：

> 但是她的生命对她周围人的影响，依然不绝如缕，未可等闲视之，因为世上善的增长，一部分也有赖于那些微不足道的行为，而你我的遭遇之所以不那么差，一半也得力于那些不求闻达的人们，他们忠诚地度过一生，然后安息在无人凭吊的坟墓中（and rest in unvisited tombs）。

这个句子需要仔细阅读。（比如，"她的生命"是一个动名词，动词化的名词，代表着"她的存在"：如果你把"her being on those around her" 读成了短语"her having been on those around her"，那你就会卡住，好像她骑在周围人身上，像骑马那样。）

现在，很少有人会冒险写这样一个长长的、复杂的复合句，它读起来会让人混乱，那些呼吸很长的人除外。然而，它让你深刻地感受到人与人之间的相互关联，以及一个微小的生命该如何适应整个历史。通过这样的方式，它将你带向远处。

这个句子还有很多作用。它运用了时间转化——突然间，我们离开了厚厚的小说里的行动，回头望去，将故事作为历史中的事件去看待：我们遇见的多萝西现在变成了过往历史中的人物，我们跟随她的日常挣扎——成为历史之毯上一根细小的线。语域上也有变化——从装饰性的、看似浮夸的"不绝如缕、未可等闲视之"（incalculably diffusive）①转到几乎儿童式的语言"而你我的遭遇之所以不那么差"（things are not so ill with you and me as they might have been）。

但此句真正的效果最大程度上来自韵律：正是因为你先读过了这么一大串句子，才使得最后从句的结尾如此有效。这是一种释放。"安息在无人凭吊的坟墓中"的结构，是一个非重音后面加上两个扬抑抑格，再加上一个单重音和一个长元音。"And rest in unvisited tombs"：轻重轻轻 重轻轻 重。它几乎和五行打油诗②的韵律相同，尽管它们是完全不同的东西。如果我的分析过于微妙，试着大声重读这个句子，用"and who rest in tombs nobody visits"来替换最后的从句。它们意思上是相同的，但效果完全不一样。

还有一些很明显的问题，其中之一是语域。有时，如果你不是在为语言史上最伟大的小说之一写结尾，你将不会想要写出《米德尔马契》这样抑扬顿挫的句子。相反，你想规避它。这样的情况在你写备忘录时尤其明显。你不会总是追求音乐性。你或许会采用简单的陈述语气和散文节奏来让句子大步向前，而非翩

---

① 尽管从节奏上来说，"diffusive"的阴性词尾——先重后轻——让这个紧密结合的短语稍稍放松。

② 五行打油诗的结构可以非常松散，但是《米德尔马契》的节奏是最常见的一种。"That Silly young MAN from Brazil…"如果那个愚蠢的男人来自"Devizes"，那么你就会在句尾发现一个额外的非重音。

翩起舞。但不论你的句子是诗性一些还是散文化一些的，节奏都在那里——它值得被注意。

从崇高走向荒谬，让我们来看一个更近一些的例子。A. L. 路维斯（A. L. Rowse）是一个脾气很差的学者，在一篇关于他的传记书评中，最后一句话是：

> 这本独具慧眼的书描述了一位内心非常痛苦的男人：一个古怪的人，有时也是出色的学者；一位天才记忆大师；一位冷漠的诗人和一位一流的恶人。
>
> This clear-sighted book emerges as the portrait of a deeply unhappy man: an erratic if sometimes brilliant scholar; a gifted memoirist; an indifferent poet and a first-class prick.

这个句子的好坏不在于对路维斯性格判断的公正与否，而在于句子的抑扬顿挫：强有力的结尾。蜿蜒读过那些唠叨的，甚至有些夸张的个人成就，仔细区分过那些多音节的词语后，句子落在了三个重音上①——同时也将语域从学术化的评价转变成公开的辱骂。

重音，尤其是放在结尾处的重音，对作家来说至关重要。2008 年，《泰晤士报》的记者吉尔斯·哥伦（Giles Coren）为自

---

① 技术上，这叫做扬扬扬格（molossus），即三个长音节构成的音步。

己的一篇饭店评论大发雷霆 ①，因为编辑修改的方式他很不喜欢。他认为一位副编辑应该对此负责，因此给他发了一封充满怒气的邮件。不幸的是，这封邮件由于互联网泄露被公之于众，让大家捧腹大笑。

让哥伦生气的，正是记者们称之为"效果"的改动："最后那个句子。最后的句子非常非常重要。一篇文章依赖它们，它们才是读者这一周里会反复想起的句子。" ②

哥伦写的是：

> 这个春天，我想不到还有什么比这更好的地方。坐在一束玫瑰花旁，看着外面街上的男孩女孩对着彼此微笑，猜测他们要去哪吃点心（go for a nosh）。

而登在杂志上的版本是：

> 这个春天，我想不到还有什么比这更好的地方。坐在一束玫瑰花旁，看着外面街上的男孩女孩对着彼此微笑，猜测他们要去哪吃点心（go for nosh）。

---

① 大发雷霆是吉尔斯出名的原因之一。

② 按照"危险和陷阱"一章，这里的句中逗号是可行的，因为这是非正式的邮件。并且作者被愤怒冲昏了头脑，他没有仔细考虑语法问题。

发现区别了吗？你肯定发现了。编辑们去掉了那一句的"a"。让哥伦生气的是，这剪掉了一个很微妙的黄笑话："a nosh"的第二层含义是性行为，而"nosh"（作为一个纯名词）则没有这层含义。

但最让哥伦生气的是句子节奏问题。用邮件中的话来说：

> 差得不能再差了！你们移走了非重音"*a*"，那么应该落在"*nosh*"上的重音就没有了，那我的文章就会以非重音音节结尾，这简直是最愚蠢、最难听、最可恶的事！当你们阅读散文时，韵律是非常重要的。你们听不出来吗？你们听不出来这样的错误吗？这不是什么制造火箭的科学问题。这是还不到中等教育水平的节奏问题。我为《泰晤士报》写过 *350* 篇饭店评价，从未以非重音音节结尾。太差了。太差了，太差了，太差了。（Fuck. fuck, fuck, fuck.）

从这一小段"愤怒的，愤怒在燃烧的"（用哥伦的话说）文章中都可以学到这么多关于节奏的问题。比如，请看最后"太差了"的标点。倒数第三个"太差了"本应用大写开头——因为是快速写成的——但是如果他用逗号区分四个"太差了"，那效果就会完全不同。

如段落中所示，我们有一个"太差了"。其后的句号给我们一个停顿。然后——好像是思想的解释或发展——我们得到了赋格曲"太差了"三重唱。三个"太差了"，我们内心的耳朵听到了它们的起伏——要么增加前一句"太差了"的强度，要么强过第一句。"太差了。太差了。太差了。太差了。"就不会有这样的效果，它太规律，太平整了。而"太差了，太差了，太差了，太差了。"也不会有这样的效果，因为那就像写满"太差了"的购物清单。取而代之，我们得到的是近乎完美的非正式句子。这就像贝塞尔·弗尔蒂开着 1967 年的奥斯丁汽车，带着一根树干去找工作那样。他先向树干打了一拳。然后停下来。变得有点疯狂：连续三次击打树干。随着愤怒的喷涌，这三次击打越来越疯狂。

还有一个小问题需要注意。在这个例子中，哥伦对于非重音音节的看法是错的。不论有没有"a"，"nosh"都是重音。两个版本的句子都以重音音节结尾。试着不将第二个版本中的"nosh"读作重音，看看你会得到什么①。

但哥伦在两方面是正确的。句子的节奏由于冠词的删减而产生了微妙的变化。"where to go for a nosh"使重音完美地落在"nosh"上：轻轻重 轻轻重。这是两个抑抑扬格。"where to go for nosh"则很粗野：轻轻重 轻重"，即一个抑抑扬格和一个抑扬格，但效果更弱。这是不一样的。或许差别没有大到足以让哥伦

---

① 就从未以非重音音节结尾这一点，哥伦也错了。当我在泰晤士报网站上搜索他署名的文章时，找到的第一篇饭店评价就是以非重音结尾的："尽管我敢说，此刻在中国的中心地带，有一位骄傲的饭店评论家正嚼着满嘴食物，拿起钢笔在小小的笔记本上用中文写下'正确'二字。"如果你能将"notebook"的重音放在第二个音节而非第一个音节上，我要向你脱帽致敬。

说出那些野蛮的抱怨，但是其中的确是有差别的。

他正确的第二方面在于，他所说的"韵律"——正式来说是抑扬顿挫——的确很重要。一个效果好的句子和效果不好的句子的区别或许隐藏在意识层面之下，但那正是散文最花力气的地方。

让我们再来看看乔治·艾略特。假设，我是一名副编辑，想要按照上面的经验来修改《米德尔马契》的最后一行，那么：

> 而你我的遭遇之所以不那么差，一半也得力于那些不求闻达的人们，他们忠诚地度过一生，然后安息在坟墓中，无人凭吊（and rest in tombs nobody visits）。

这个句子将会被收入《牛津引用词典》（*Oxford Dictionary of Quotations*），对此我毫不怀疑。要是因此收到乔治·艾略特的信，我也毫不惊讶（她大约 140 年前已经去世）。她会在信中写道："这不是什么制造火箭的科学问题。这是还不到中等教育水平的节奏问题。我为《泰晤士报》写过 350 篇饭店评价，从未以非重音音节结尾①。太差了。太差了，太差了，太差了。"

如果这些例子听起来过于讲究，如果你认为对多数读者根本注意不到的事情吹毛求疵是浪费时间的话，让我们来看另一个

---

① 事实上，艾略特小说结尾大约一半是重音，一半是非重音。但她的确很在意句子效果。

例子。

在 2014 年苏格兰公投的准备阶段，英国当时的影子外交大使道格拉斯·亚历山大（Douglas Alexander）写了一篇报刊，反对苏格兰独立。为了明确表示他不是专横的撒克逊帝国主义者（作为他英国民族精神的一部分），亚历山大写道：

> 我生来是苏格兰人，我选择当苏格兰人，我渴望成为苏格兰人。
>
> I am Scottish by birth, by choice and by aspiration.

这听起来很好，不是吗？但它完全不合逻辑。如果你生来就是苏格兰人，那么从定义上来讲，你无法选择是否要当苏格兰人。如果你说你选择当苏格兰人，那你就自相矛盾：两者不可能同时成立。然后，你又说你渴望成为苏格兰人——人通常渴望成为他们并不是的人——这意味着你根本不是苏格兰人。

因此，这个掷地有声的句子立马让我们知道，亚历山大先生别无选择，只能当苏格兰人，他选择当苏格兰人，他不是苏格兰人，但是他希望自己是。一位已成年的政客写出这样的垃圾句子，并送到了报社，一位成熟的报社编辑将这样的句子出版，同时，成熟的报纸读者对这一句子频频点头，仿佛这句子十分平常。为什么会这样？因为它效果不错，而效果不错是因为听起来很好。在这个句子中，声音带来了感官上的效果。

这是一个由三节连环加强语气的例子，或称"上升的三连环"，由三个句子形成队列①。"上升"形容的是韵律效果：第三句（"我渴望"，by aspiration）比前面两句多了两个音节（"by birth"和"by choice"）。"Aspiration"——重轻重重——有一种令人愉悦的节奏，让人觉得句子自然而然地走向了一个庄严的结尾②。

在句法和语义方面，上面三个短语都是平行的。"by"的重复使用加强了效果，同时也让句子膨胀，听起来更加宏伟。因此，尽管逻辑上它们自相矛盾，但在读者的耳朵里，它们似乎互相加强了。

实际上，道格拉斯所写的无非是三次庆祝自己是一个苏格兰人。他传达的信息——即使词语表达的意思相反——是他有幸成为苏格兰人，他选择成为苏格兰人，甚至即使前面两件事都不是真的，他也仍然想成为苏格兰人。

这就是抑扬顿挫之所以重要的原因。它不仅可以加强句子的感觉，还可以创造一种莫须有的感官印象。我不是建议你运用节奏来代替感官，只是希望你不要低估微小细节的效果。

---

① 见下面的"运用修辞"。

② 如果这不是"规则"，至少也是一个很强大的指导原则：要写出成功的韵律，你应该将最短的短语放在第一句，然后最长的放在最后一句。这是上升的三连环所强调的高潮原则。"I am Scottish by aspiration, birth and choice"就没有原句的那种鼓点节奏。而"I will be fishing for cod, blue-fin tuna, the inedible but mighty basking shark, and the many-tentacled deep-sea octopus"也比"I will be fishing for the many-tentacled deep-sea octopus, blue-fin tuna, the inedible but mighty-basking shark, and cod"听起来要好。

运用修辞手法

短语"修辞手法"最初来自修辞学的形式研究。"修辞"用来形容所有装饰性的用法，它们让文本变得难忘或具有说服力。当你谈到一个女人的"体形"时，你指的是她的身材；文本中的修辞也是这样。修辞是辨认文章结构的方法。

在正式研究修辞学的几个世界中——在那期间修辞学是分析语言的唯一工具①——人们发现了好几百种修辞手法。它们有时被称为"修辞之花"，涵盖一切修辞手法，从观点的流动到句子中词与词的关系。这些修辞手法就像花朵那样，被赋予拉丁文或希腊文的名字——有些还相互重叠——对现代人来说很难懂。

我不是要你记住几十种修辞手法。如果你对说话中断法和错格句之间的区别感兴趣，像邮票收集者那样，我完全支持你——但是我想要讨论它们的目的在于，不论你怎么称呼它们，这些修辞手法都普遍存在，即使是在非正式写作中。如果语法决定了句子的基本意思，那么修辞就给句子增添了额外的说服力。

有些句子是扁平的、无结构的，有些句子是紧密的、有活力的，这两者之间的区别就是由修辞手法造成的。与其让读者穿着糟糕的雨靴，独自走过句子的泥沼，不如向他们提供垫脚石、路标、难忘的地标景物和令人愉悦的野餐区。只考虑结构是不够的，

---

① 在拥有学术意义上的文学批评之前，也没有这么多语言学或关于语法的正式讨论。

换句话说，当你完成了基本的句子手术后，还需要物理治疗。

下面列举了一些基本的修辞手法。我会给出正确的希腊或拉丁名，但对于本书的目的来说，这些名字远不如它们的工作原理重要。

平衡做法

许多不同的修辞手法都关乎数字二的应用，针对的是如何处理两个物体、两个想法、两个从句或两个单词的相互关系。那些关系有时是逻辑相反的，有时是节奏平衡的，有时是相互补充的，有时则不止有一种关系。

平行，就是把两个（或更多）子句并肩排列，这些子句采用的是相同的结构。"洛丽塔，我的生命之光，我的欲念之火……"同位，是指两个子句在语法上是平衡的："我的女朋友，我的生命之光，有一天当她在我的最底层抽屉里发现了她的出生证明后，将烤面包机掉到了浴室里。"

对立，或对比，不论对于一个句子还是一部作品来说，都是基本的结构点：一方面，另一方面。你会发现它给人一种平衡感的满足——在单句中；但在某些写作类型中，对比会主导段落之间的关系或整个论证过程的拉锯。以《万物有灵且美》（"All things bright and beautiful"）这首赞美诗中的两段诗为例：

富人待在城堡里，

穷人待在大门处，

上帝让他们尊贵和卑贱，

并分配给他们财产。

寒冷的大风属于冬天，

快乐的太阳属于夏天，

成熟的果实属于果园——

一切都是造物主的杰作。

每个开头的两行都相反；但是在文学以及神学赞美诗框架中，它们也是平行的。这里并不是"要么／要么"的关系，而是"两者都"。神圣的自然法则让相反的事物趋于协调，因此，社会地位让富人和穷人安居其所，花园里的果实给冷风和暖阳以宗旨。这两段从结构上来说是相似的。

因此，从广义来说，对立并不一定是两个完全排斥对方的事物，比如"给我自由或给我死亡"。我们关注的是平衡感。韵律、句式结构，以及短语的逻辑，对平衡感的营造都至关重要。

在反对在越南开战的草书上，穆罕默德·阿里是这样写的："当在路易斯维尔他们所谓的黑鬼仍被当成狗一样对待、仍没有基本人权时，政府凭什么要求我穿上制服，去一万米以外的地方，对越南褐色皮肤的人民开枪和扔炸弹？［……］那些为自身正义、自由和平等奋战的人，我不会成为奴役他们的工具，我不会让我的宗教、我的民族或我自己蒙羞。"

第一句中的对立在于"越南褐色皮肤的人民"和"在路易斯维尔他们所谓的黑鬼",但从整个论点的结构上来说,它们是平行的,而非相反。在阿里的想象中,越南农民是被送去杀死他们的黑人士兵同盟:他们面对着共同的敌人。

一切都关乎听觉效果。第二句中,"我的宗教、我的民族或我自己"和"为自身正义、自由和平等奋战的人"形成对比。对比是为了强调亲近关系,而非强调区别——句式上的平行,三个感情方面的单词,对韵律和句子形态都很有用。

对比可以升温,让句子层面的二元结构成为整篇文章或论证的核心原则。要发现这一点非常容易。最明显的形式是,反对一方,赞同另一方,并且整个论证过程都这样做。但更微妙的形式,是《万物有灵且美》中那种微观的样式:一方面 A,一方面 B,但它们结合起来是 C 或结果是 C。或者,如果你喜欢的话:论点,反论点,综合论点——这是黑格尔式辩证法的基本形式。

当你因为在玛莎百货外的双黄线处停车而收到罚款通知时,你不会觉得自己写给卡姆登议会的询问信是黑格尔式辩证法的例子。但在一些小的方面,它的确可能是。

三重奏

对一个句子和一段文本的韵律来说,三重奏会产生一种近乎神奇的效果,政治演说经常采用这种结构是有原因的。三节连环加强语气法（三重奏的学名）能让胡说八道的声音具有说服力，正如我在"抑扬顿挫"那节说过的那样。

我提到了道格拉斯·亚历山大的那句"我生来是苏格兰人，我选择当苏格兰人，我渴望成为苏格兰人。"这句话的重点不是他说了什么，而在于它给人留下的印象。三重奏影响耳朵，而不是大脑；它能产生抑扬顿挫的效果。好的节奏也会和句子含义相一致——三件事会相互加强，而不是互相矛盾——但是三重奏的额外效果是针对读者的内心听觉来说的。

我推荐使用三重奏，但也要提出警告。和其他任何效果一样，过分使用三重奏会减少其中任一句的力度。但用来产生最强的效果时——用在节骨眼上：段落或篇章结尾处——三重奏总是非常好的方法。

重　复

单词或短语的重复，对读者理解文本内容有强烈的影响。这一点在口语中尤其突出，尤其必要，因为读者无法返回重听；但在书面语中也很重要。首语重复法（anaphora）——即在句子开头处重复单词或短语——是最常见的一种重复。它让人感觉到句子们紧紧拴在一起，朝一个方向用力。尾词重复法（epistrophe，在连续句子的尾部重复）也可以让短文本具有一致性，通常用在结尾部分。

但这些是修辞手法的固定套路。在一些不那么随意的长河中，重复让你掌握重点所在。"我们遇上麻烦了；任何单个人都无法解决的麻烦；一个团结起来就能轻易解决的麻烦。"这会让"麻烦"更深刻地印在读者的脑海中，而分号的节奏也让第一个"麻烦"悬在空中，以表强调——在句子继续下去之前。这让人觉得，好像在"麻烦"和"解决方法"之间，没有什么比巧妙使用的分号更加麻烦的了。

提 问

大多数写作，如果不是全部的话，都要用来提出或回答问题。或许是一个很简单的问题，比如，"早餐时间怎么能不提供足量的牛油果面包呢？"也可能是复杂的问题，比如，"存在先于本质吗？"

然而，这样的问题通常不够清楚。如果作者的头脑混乱不清，那么前路就可能有困难。如果你能够清楚回答读者的问题，你就有了自信，它们在你脑中是清晰的。如果你能向读者说清楚你的问题，为什么不这么做呢？

所谓的修辞性问句，即不期待有回答的提问，叫作反问（erotema）。在实际交流中你不会经常见到它。（为什么会呢？）但跟它相似的设问——你大声对自己提问，然后自己回答——确实非常有用。在某种意义上，散文中所有的提问都是修辞性的。观众并没有和你在一起，不假思索地为你解答。

在日常交流中，提问有三种作用。

首先，提问是组织论证过程的框架手段。它让读者清楚地知道后面的文本想要说明什么问题。它也可以将一个稍大的论证拆分成更小的单位，并进行清晰的说明。

　　委员会为什么要考虑我外展中心的资金申请？原因有两个：一和二。一和二矛盾吗？让我来详细说明……

　　第二，提问可以吸引人的注意力。大多数句子都是陈述语气的。问一个直接的问题——转到疑问语气——能够吸引读者的注意力。提问标志着休息，标志着套筒将要滚起来了。读者立马知道，或者感到自己知道自己在哪。

　　第三，提问能与读者产生共鸣。它或多或少地表示：我正从你的视角看问题。它预料到——也在某种程度上塑造了——读者想要从你这里获得的内容。它让独白听起来像是对话。

　　比如在写书评时，我知道我希望回答的问题有：这本书想说什么，为什么要这么说？它成功了吗，怎么做到的？还有（在我不是为了学术圈或科技期刊写评论时）：他给普通读者带来乐趣了吗？值得这个价格吗？

　　提问不仅能让读者清楚你的目的，还可以让你自己清楚你想要实现的目标。

列清单

　　列举（Enumeration）是制作编号列表的专业术语。从远古起作家和讲话者就在做这件事了。政治保证、七宗罪、三只山羊童话、末日四骑士和《圣经》中的十诫等都用到了列举手法。组织重要的观点，让它们具有权威性，让人难以忘记——在这方面，列举仍是非常有效的方法。

作为一种写作手法，列举从演讲中用手指数观点的做法演变而来。你可以将它看成是更明显、更正式的三重奏。列举法让论点或论证的核心变得难忘，因为它有效地强调了关键点。列举也暗示一个固定的数量，这让一个论点显得完整。它暗示说话者具有某些特定的要求和分析能力。这就是为什么当做出四个承诺却只能记住三个时，你会显得那么愚蠢。同样，当你做出三个承诺但继续暗示会有第四个承诺时，也会显得很傻。

美国前总统候选人里克·佩里（Rick Perry）在2011年的电视辩论中就在这里乱了阵脚。作为选举计划的一部分，他承诺废除三个联邦机构。他以一种"能够做到"的决心说，"届时我将废除三个联邦机构，商业、教育，和…第三个是什么来着？"他尴尬极了。"让我想想……我说不出第三个。"然后他说："糟了。"这段视频值得去 YouTube 上观看。如果你告诉观众，有三个重点，但你却忘掉了其中一个，那他们一定不会被打动[①]。

---

① 这一点却被蒙提·派森喜剧团用来在《西班牙宗教法庭》小品中制造喜剧效果。"没人想要西班牙宗教法庭！"是红衣主教希梅内斯闯入房间时的开场白。"我们的主要武器是惊奇。惊奇和恐惧……恐惧和惊奇。我们的两个武器是恐惧和惊奇……和无情的效益。"他皱眉。"我们有三个武器，恐惧，惊奇和无情的效益……以及对教皇的狂热献身精神。我们有四个……不……武器……这些狂热、效益、恐惧，惊奇……我要再进来一遍。"

令人高兴的是，写下来就不容易"忘掉"观点中的一个或多个点——至少不那么迅速。但你会感到惊讶：有时你的确会忘记，并且会让细心的读者皱眉。时不时地，你灵魂出窍，变成了一个不会数数、不愿校对、不能抓住自己观点的人。

列举法可以用作路标，用来指示分段的篇章结构。"我将说明以色列/巴基斯坦争论中的三个论点，并依次说明，"你会在简介部分写道，"圣殿山的身份、约旦河西岸的居住合法性问题以及'返回权'问题"。然后你将用一个或多个段落解释每一个问题。在下一章节你或许会这样开头："首先……第二……第三……"你的读者马上就能掌握你的论点。

在商务或官方文件中，列举和计划表的搭配也非常有效。微软文档在工具栏中有一个自动生成列表的按钮，这是有原因的。一个编号列表——不论是在调色盘、接线盒上，还是作为文字区块出现——都会打断句子的流动，吸引读者眼球，给他们停顿的机会。它会让快速浏览的读者知道这里是重点。列表周围的"空气"——或空白区——使列表具有了格式，从修辞角度讲，给读者喘息的空间。

列表不仅能够帮助读者在文本中航行，它还具有塑造品格的效果。我说过，列举法能让论证看起来敏锐、有目标，且被无情地思考过。这让它在商务和官方交流中可以无限制地发挥作用。如果你想要的是更柔顺的、更像交流的语气，那就要小心使用列举法。在第一股浪漫的激流中，列举法带来了异想天开的用法。

"我多么爱你?"伊丽莎白·芭蕾特·布朗宁（Elizabeth Barrett Browning）问道。"让我来数一数……"但是如果你在写给男朋友的分手信中按顺序列举出他的缺点，并由微软文档自动标号的话，是不会引起共情的。

另一点要说的是，如果你要运用列举法来给出指示或来记忆的话，列表不能太长。"关键问题有 5 点"是一个不错的提议，读者会期待记住这 5 点内容。在这里，我要重新提及"神奇数字七"，即工作记忆的指导原则。

如果你要列出 10 点，那就太多了。它们或许有很好的参考作用，但是它们不容易留在读者的记忆中，除非他或她特别想要记住它们。读者会记住有 10 个要点这一事实，而不会记住要点的内容。11 看起来不够优雅。更多的话，就会显得杂乱无章：会破坏而不是加强清晰的印象和学科知识。17 个要点会一样重要吗？其中一些不会相互矛盾吗？为什么是 17 而不是 18、19，或 129？我们对整数很有感觉，尽管整数给人的印象很武断。[①]

社交媒体时代"清单体"的成功发掘出了列表的魅力——但有一个新花样我们需要简单了解一下。杂志上整百的清单样式（滚石的"100 位最伟大的吉他手"）被电视上整十的清单样式（4频道的"50 位最伟大的喜剧演员"）所取代，相应地它们也被其他更奇怪的东西取代。社交媒体网站 BuzzFeed，以及许多山寨网

---

① 我们以 10 来计数是文化现象，或许和我们的手指个数不无关联。

站，开始制造一些可以规避整数的清单①，将它们组织起来的原则
也很微小。

　　比如，2014 年，BuzzFeed 发布了一篇名为"44 种至今无
法理解的中世纪怪兽"的文章，可谓是清单体的巅峰之作。文章
收集了中世纪手稿中一些神奇怪兽的插图，并配有说明。比如第
四个野兽是由中世纪僧侣记录的爬行动物，它的表情从现在看来
是让人发笑的痛苦状："这只鳄鱼想要一切都停下来。"这也很有
趣。直到我写这本书的时候，这篇文章已经有了 75 万浏览量。

　　那工作记忆呢？神奇数字七怎么办？我认为，怪异数字列表
的喜剧效果正是来源于我们通常用列表来表示一些规整的事情，
我们用它来表示重要性。而用不特殊的数字——44 个表情痛苦的
怪兽，不是 43 也不是 45——来表示这些随意的主体，就是笑点
所在：它打消了我们的常规期待。BuzzFeed 也从中获益：具体的
数字表示这是经过思考或至少经过审查的内容，它表示界限的存
在；而"一些至今都无法理解的中世纪怪兽"就不会有那么高的
点击率。这是列举法在后现代时期的有趣变形。

---

① 通过不使用整数，这些网站让人隐隐觉得清单中没有一项是滥竽充数的。

7
风险和陷阱

到目前为止，我的写作愿望变得清晰起来了。这本书是为了给写作者提供实际的帮助，而不是在语言大战中冲锋陷阵。我的主要兴趣不是攻击学究们的偏见，也不是嘲笑描写主义语言学家的"相对论"。

然而，我们拥有许多语法规则、拼写规则和写作的常规规则；不论对错，总有很多人非常严肃地对待那些规则。如果读者中有那样的人——一定会有——那么，我们理应从实际理由出发，让他们知道自己可能要规避哪些内容。

预警就是提前准备。下面我列举了一些争议最大的问题，这并不是为了实施攻击，而是为了摸清雷区。如果用单引号表示'正确'更合你意，你大可这么做。

有争议的用法

分离不定式

　　认为将一个单词（通常是副词）插入——你可以说，毫无顾忌地插入——到动词不定式的"to"和动词之间是错的，而这种观点本身就是错的。而且，它不仅仅是错的，事实上它因错误而出名。我们有一系列关于这个错误的民间传说（包括有人认为这个规则来自拉丁语的类比：在拉丁语中，不定式是一个单词，因此是不可分离的），在被人遗忘已久的 19 世纪风格指导中还兴起了追溯这一错误起源的小型产业。即便如此，一些人仍然觉得分离不定式是个不好的习惯。

　　我倾向于不分离，其他不定式也是如此。首先，动词不定式潜移默化地引起认知负荷的上升，一个或多个副词的插入意味着读者会在大脑中将"to"悬着，直到动词的到来；在我听来，句子中会有一个小卡顿。但同样，拘谨的、不分离的动词不定式听起来也可能会僵硬且浮夸。历史上最著名的例子——《星际迷航》中的"勇敢向前……（To boldly go… ）"——就非常通顺，抑扬顿挫将重音放在关键词"勇敢"上；而"Boldly to go"就听起来很僵硬。在我听来，"To go boldly"则将重点从"勇敢"转移到了"向前"上。

　　有时——尤其是动词不定式贴近另一个动词，而这个动词有可能窃取动词不定式的副词时——你需要将不定式分离以避免含糊。最近，我发现自己写了一个这样的句子："Margaret Thatcher claimed only to need four hours' sleep a night."是她只声明了需要四个小时的睡眠？还是她声明只需要四个小时的睡眠？这两种意义有细微的差别，如果不允许分离不定式的话，你就失去了其中一种含义。

逗号误接句

如果你问我的话，我会说，在魔鬼的烧叉末端有一个特殊的位置，留给那些使用逗号误接句的犯罪者。逗号误接句也叫粘连句。下面这个例子来自英国一家著名连锁饭店的菜单：

> 在小厨师我们关心食物，我们所有的汉堡都是由英国牛肉制成的，并且它们有质量保证，是由我们自己的屠夫亲自准备的。

这样的句子——至少在标准书面语中——是错的。不是因为牛肉用奇怪的大写来表示。也不是错在第一句的真实性和第二句的模糊不清。错误在于这里是两个句子而不是一个句子。两个主语（"我们"和"汉堡"）和两个主动词（"关心"和"由……制成"）是不合理的。

因此要改成：

在小厨师我们关心食物。我们所有的汉堡都是由英国牛肉制成的，并且它们有质量保证，是由我们自己的屠夫亲自准备的。

如果你想连接两个句子，强调他们的联系，那你可以用冒号、破折号或分号。

比如：

在小厨师我们关心食物：我们所有的汉堡都是由英国牛肉制成的，并且它们有质量保证，是由我们自己的屠夫亲自准备的。

或者，更随意一点：

在小厨师我们关心食物——我们所有的汉堡都是由英国牛肉制成的，并且它们有质量保证，是由我们自己的屠夫亲自准备的。

或者，更优雅一点：

在小厨师我们关心食物；我们所有的汉堡都是由英国牛肉制成的，并且它们有质量保证，是由我们自己的屠夫亲自准备的。

你也可以用连接词。事实上，小厨师这句话的后半句就用了连接词"并且"。它正确地将"有质量保证"和"由英国牛肉制成"连接起来，非常有用。

这样写起来可能不好看，但语法是合理的：

> 在小厨师我们关心食物，并且我们所有的汉堡都是由英国牛肉制成的，并且它们有质量保证，是由我们自己的屠夫亲自准备的。

如果将第二个"并且"改成逗号，那你就用了两次逗号误接句，这个错误非常可怕：

> 在小厨师我们关心食物，我们所有的汉堡都是由英国牛肉制成的，它们有质量保证，并且是由我们自己的屠夫亲自准备的。

但是，你是否注意到了什么？用了两次逗号误接句的句子开始变样了。它看起来像一个列表。这使情况变得有些复杂。尽管逗号误接句罪大恶极，值得人们向上天哭诉，但和语言中许多其他现象一样，它也同样不总是一目了然的。列表是另一种连接独立句子的方式，列表会采用逗号。所以你可以这样写：

> 小厨师关心食物，它所有的汉堡都是由英国牛肉制成
> 的，它自己的屠夫对牛肉进行检验和准备。

这个句子可行的原因，是因为我将从句重新整合，改写成相似的形式。它也只是差不多可行：写成列表形式标志着三个子句——关心食物，汉堡由牛肉制成和屠夫的工作——大概同等重要；事实上，后两个句子是为了证明第一句。如果语法结构不变，改变三个子句的顺序，那么这个句子听起来会非常古怪。

> 所有的小厨师汉堡都是由英国牛肉制成，它直接由屠夫
> 对牛肉进行检验和准备，它关心食物。

我想说的是，在这个句子中，其含义决定着它不适合用列表法。

让情况更复杂的是，逗号误接句在短句中被广泛接受，尤其是当不同的句子拥有同一个主语或它们意义相对时。"它不是牛肉，它是马肉。""我来过，我见过，我征服过。"而且如果你是查尔斯·狄更斯（Charles Dickens）、塞缪尔·贝克特（Samuel Beckett）或弗吉尼亚·伍尔夫（Virginia Woolf）的话，你也获准使用逗号误接句：在文学风格中，所有规则都无效。

分号、冒号、破折号和句号都可以被用来连接两个主句，而逗号不行。表面上看，这一点似乎很随便，有些奇怪。同样，FANBOYS——连接词 for, and, nor, but, or, yet 和 so——能够连接两个主句（通常和逗号一起，但也不总是如此），而像 nevertheless 或 however（然而）这样的连接副词却不行。"小厨师的汉堡太差了，但是（but）他把它吃掉了。""小厨师的汉堡太差了但是（but）他把它吃掉了。"——从语法上讲，两个句子都是对的；只是重点和节奏有些许差别。"小厨师的汉堡太差了，然而（nevertheless）他把它吃掉了。"——这就是错的。"小厨师的汉堡太差了然而（nevertheless）他把它吃掉了。"——这样错得更严重（连接副词喜欢和标点在一起）。"小厨师的汉堡太差了，然而（however）他把它吃掉了。"——错的。"不论（However）他怎么吃，小厨师的汉堡都太难吃了。"——是对的。因为在没有逗号时，"however"不做连接词，而是充当限定词：尽管他抹上大量的番茄酱，捏着鼻子，并配着果汁一起吃，这个汉堡仍然太糟糕了。语法是很狡猾的存在①。

因此，逗号误接句是大错特错的，除非有些情况下，它们

---

① 作家乔纳森·弗兰岑（Jonathan Franzen）对一个特别的逗号误接句感到尤其激动。在收录于《更远》（*Farther away*）的短篇文章《逗号—然后》（"Comma-then"）中，他怒斥那些"用 then 做连接词，其后却不加主语"的人，比如（他给出的例子）："她点亮一盏灯，然后（then）缓慢地行进。"他认为应该用"和"（and）来取代这里的"然后"，以此来构成复合句。他说，"'逗号–然后'是让人生气的、懒惰的行为习惯，它不像分号或值得尊敬的分词短语那样。"我完全不能理解他的意见。读完弗兰岑的短篇文章后，我坐在沙发上，感到困惑。

并不是逗号误接句。明白了吗？如果你仍有所怀疑，那就避免使用它。即使是可以接受的逗号误接句，也可以不出错地转换成正常句——"它不是牛肉；它是马肉。""我来过。我见过。我征服过。"——并且，用逗号连接句很有可能让你摔跟头。

垂悬修饰语

"一个尖锐的讽刺家，他的恶作剧效果很奇怪……"（A fierce ironist, his mischief worked in curious ways…）。这是优秀作家弗朗西斯·威尔森（Frances Wilson）在2016年出版的托马斯·德·昆西传记中写下的句子。固守语法的人会觉得，她是不是嗑药了？或许恶作剧的效果的确很奇怪，但德·昆西的恶作剧绝不像一个尖锐的讽刺家。

或者看看这个句子，它介绍了第四电台近期的一集"科学的生活"："溅射熔岩，极度高温高压，我的嘉宾今天来到了地表中心，在我认识的人中没有人比他更接近……"这让一次对火山学家黑兹尔·赖默（Hazel Rymer）的现场访谈听起来像是危险的提议。

悬垂语用来表示那些主语和主句不同的限定从句，它们通常是一个分词。比如，一个不那么细心的旅行作家或许会说："绕着拐角处走，泰姬陵在明媚的阿格拉日光中显示出它的光辉。"很显然，泰姬陵不能绕着拐角走。

我们应该避免悬垂修饰语，并不是因为它侵犯了语言——奥利弗·卡姆（Oliver Kamm）从老哈姆雷特那里找到了杰出的句子（"他们声称，在果园睡觉时／一条毒蛇咬死了我"）——而是因为它是一种稍微有些粗鄙的风格。垂悬修饰语真正引起语义歧义的例子并不多，要理解弗朗西斯·威尔森或我编造的旅行作家的话，即使是傻子也只会遇上很少的麻烦。但是，垂悬修饰语会让读者困惑，尤其是在长句中。

动词名词化；名词动词化

"我们可以开始报告了吗？我想让你传达给你的组员。我们昨天想出来的，这里是其中一些关键点。"（Can we action that report? I'd like you to *cascade* it to your team. We *brainstormed* it yesterday and there are some key *learnings* in it.）这个句子对你们来说可能有些怪诞，对我来说也是这样的，但是它并没有错。语言学家称之为"功能转变"，即用旧单词承担一个新的句法功能，这是语言创新中最主要的机器。动词不停地转换成名词，名词不停地转换成动词，动词和名词不停地转换成形容词。

事实上，功能转换是语言的组成部分。大部分常规动词转换成名词时，都有一个语言学上的"快捷键"，即加"-ing"变成动名词形式："没有什么是天生好或坏的，是想法给予事物好坏之分（but thinking makes it so）。""Nothing in his life became him like the leaving it."名词加"-y"可以变成形容词："这里有一股屁味（farty smell）。是你干的还是小狗干的？"形容词加上后缀"-ly"可以变成副词："香克利先生，既然你问到了，那坦白说

（Frankly），就是屁股上的胀痛。"

然而，人们对于功能转变的感觉很强烈，所以在进行大胆创新时，我们应该停下来想一想：在这个语域中功能转换合适吗？这个用法常见吗？它会吸引人的注意力吗？如果答案都是肯定的，这是你想要的效果吗？

有时，即使是常见的用法也会让某些读者尴尬。不久前，我编辑了一份评论，是诗人 A. E. 斯托林斯（A .E. Stallings）为新版《伊利亚特》（*Iliad*）译本写的书评。斯托林斯说，这位译者是"第一位英译此诗的女性"（the first woman to have Englished the poem）。我喜欢这个用法，它带有一丝古朴的复古感。然而我的一些同事愤怒地用红笔将其标出，认为这是"丑陋的美国腔"。斯托林斯告诉我，1628 年的《维吉尔田园诗英译本》（*Virgil's Georgicks Englished*）就是这么用的。

对此事感到好奇的我第一次在推特上发起投票。

English（及物动词）：把……译成英语。

然后我提供了选项：

A）让人厌恶的用法

B）古朴典雅

不知道过了多久，大多数人——至少我的大部分推特关注者——都表示反对这个用法：82% 的人选了 A），只有 18% 的人选 B）。在这期间，一位中世纪学家朋友指导我去看了大量已受检验的十五世纪和十六世纪早期用法；而一位文艺复兴学者指出，弥尔顿曾在 1644 年"英译"了马丁·布瑟的作品，这位学者认为："在那时，english 是表示不同方言之间相互翻译的最常见的动词。"还有人提到了"威克利夫、卡克斯顿、莎士比亚、布朗宁、威尔斯、格雷夫斯、维达尔和拉什迪"。小说家菲利普·汉舍尔（Philip Hensher）想到了一个相关问题：是否"french"（及物动词）只表示"与某人亲吻"？（回答：历史上，french 曾经用来表示"把……译成法语"；但现在主要标识亲吻。）这是一个很有趣的问题，值得深入探讨。我们吸收了那些浸泡在语言中的学者的看法，将评论改成"translated the poem into English"（将此诗翻译成英语）。

在上面的例子中可以看出，商务人士似乎对功能转换着迷。我猜想这会让他们觉得充满活力，并且用萨拉·佩林（Sarah Palin）的话说，"充满希望与变革"（hopey-changey）。但从风格偏好上讲，商务行话里那些功能转换让我感到厌恶和恶心。

用介词结尾；用连接词开头

长期以来，人们对这两种用法都抱有一种迷信的态度。据说，你不能写一个这样的句子：

弗兰克有很多让他生气的事。

Frank had a lot to be annoyed about.

或者这样的句子：

然后我们就结束了。

And then we came to the end.

就像有人认为分离不定式是错的那样，对于介词结尾的偏见也几乎成了不必严肃对待的笑柄。因此才有了那句古老的名言，即，用介词结尾"是我不能忍受的事"。人们通常认为这句话是丘吉尔（Churchill）说的。许多动词词组、被动语态、不定式和其他形式都需要以介词结尾。

然而，可否以连接词开头这个问题，有几点值得思考的地方。一个是口语和书面语之间不完美的重叠。在口语中，一个句子和下一个句子之间的分隔并不那么清晰。句子们同样用"和""或""所以"连接在一起；听者和说者都无法区分一个句子是用连接词连接的复合句，还是两个单独的句子。

这就意味着，在某种程度上，以连接词开头成了非正式文体的标志。因此，当你想写正式文体——即让你的书面语和随意的口语有所区分时，很多用连接词开头的句子会让你的文本看起来太口语化。而且和痉挛一样，它会开始惹人烦。但从原则上讲，并没有理由去避免用连接词来开头。

有趣的是，激进的语法学家根本不反对用连接词结尾。比如，"而且，我们正要去海边。"（We were heading to the seaside and）有些用法明显是错的，所以实际上没有人会去犯错。针对这种问题的"规则"是很无趣的。

That，Which，Who

在代词的用法中，"that"（那个）是很直接的。"那是一只獾！""那真的是你想实现的吗？""生存还是毁灭，这是个问题。"（还有惯用语，"太棒了，那个。"）同样，用作指示形容词时，that 也没有太大问题——用来代替"the"，表示强调和指示："那个男人偷了我的虎皮鹦鹉。""那个伤疤是反纳粹时留下的。"菲利普·拉金（Philip Larkin）在短诗《家是悲哀的》中用两个词组成句子结尾："那花瓶"①，让人感觉十分荒凉。

"that"作连接词时，也没有什么问题。它引出间接陈述句："他告诉我，他的妻子曾在电光乐队当键盘手。我不确定这是不是实话。"（He told me that his wife had once played keyboards in ELO. I'm not sure that he was telling the truth.）并且"that"通常可以省略："他告诉我，他的妻子曾在电光乐队当键盘手。我不

---

① 放入语境中理解，最后两句诗是："瞧瞧这些画，这些银刀叉。/ 这钢琴凳上的乐谱。那花瓶。"这是一个充满琐碎小物的世界，从中立性的"the"过渡到"that"——在我看来，作者几乎是公开谴责那些让人筋疲力尽的熟悉小物。

确定他说的是不是实话。"（He told me his wife had once played keyboards in ELO. I'm not sure he was telling the truth.）

然而，有时"that"可以用来减少含混。短语"dogs dogs dog dog dogs"之所以像谜一样，是因为"that"被删掉了。为了还原它，你可以说，"dogs that dogs dog, in turn dog other dogs"，即受到一些狗纠缠的狗会继续纠缠其他狗。狗将狗性传递下去……

当"that"被用来引出关系从句时，它的用法就变得复杂了。主要因为突然间"that"要和"which"和"who"竞争，所以用法上也出现了很多陷阱。

第一个问题是，被修饰的主语是否有生命（即人类，除非你对动物特别看重）。你永远不能用"who"来修饰无生命主语，这是铁律，应该是"The brush that she used to sweep the floor."（她用来扫地的那个笤帚。）而不是"The brush who she used to sweep the floor."①大多数情况下，反之也成立。你用"who"而不用"that"或"which"来形容人类："那个开门的男人。"（The man who answered the door.）

然而，规则不是绝对的。句意有时会含糊，让人搞不清楚你指示的人类是一个个体、一种类型，还是一个集合。对我来说，"The sort of child that thinks peanut butter is a form of hair product"（那种认为花生黄油是一种护发产品的小孩）就是完全合理

---

① 这或许会让非英语母语者困惑，因为他们的母语中并不总是有这样的区分。

的。同样，"The crowd that gathered at the Trump rally"（那些在特朗普集会上聚集的群众）也符合要求。

当你面临用"that"还是用"which"的情况时——即主语是无生命的时候——你就又遇上了一个难点。尽管我们在关系从句中交替着使用"that"和"which"，但大部分人认为我们不应该那样做。

有一流派认为，"that"应该用在限定性关系从句[①]中，而"which"用在非限定性关系从句中。

因此：

> 签署文件的那只手让一座城倒下。
>
> The hand that signed the paper felled a city.

然而，用 which 时：

> 那只手，签署了文件，让一座城倒下。
>
> The hand, which signed the paper, felled a city.

在第一句中，从句是限定性的，签署文件是手的限定特点。在第二句中（注意那个逗号），签署文件这个从句是作为补充信息存在的。我们知道的主要信息是，那只手让一座城倒下。

---

① 在前面的标点符号章节中，你可以在"逗号"部分找到关于限定性关系从句的解释。

然而，这只作为参考，并不是绝对的规则。在限定性从句中，为了对称，你可以用"which"来取代"that"，但是在非限定性从句中，你不能用"that"来取代"which"。

The hand which signed the paper felled a city.

The hand, that signed the paper, felled a city.

第一句是可以的。第二句听起来就很怪。而且"which"可以指代代词，而"that"不能。"The principle for which I would gladly lay down my life"（我很高兴用于指导生活的原则）是英语；而"the principle for that I would gladly lay down my life"就不是。

我的一位老同事说，他对这个规则的理解就是，你应该一直用"which"，除了不能用的时候——这样的时候就尝试用"that"。这或许很符合我们想听到的原则。它让我想起我一再重复的话：正式了解"规则"的内容是非常有用的，但更有用的是培养自己判断正误的耳朵。这意味着，让自己了解那些经过多年的说话和阅读后已经内化于心的语法知识。你知道的比你以为自己知道的要多——保持注意力，试试其他用法，用耳朵检测句子结构，这样至少能带你走出争议用法的荒漠，不至于钉死在一种规则上。

who 和 whom

"whom"是英语屈折变化形式中少有的幸存者，它是关系代词"who"的宾格形式；即当"who"是一个动词的直接或间接宾语时，用"whom"来表示。

那就是我不喜欢的学究，我要对他竖中指。

That's the pedant whom I dislike, and at whom I flipped the bird.

其他英语屈折变化形式中的区别也是这样——在多数情况下，"who"都很合适——但是它并不能包括所有情况。还有其他情况。比如，在上面的例子中，"the pedant who I dislike"就比"at who I flipped the bird"听起来更自然。

为了确保正确，你可以试着用"he/him"或"she/her"来重写句子（那个学究：我不喜欢他……我对他竖中指。that pedant: I dislike him…I flipped the bird at him）。尽管这是分辨词语是否是宾语的好方法，它并不能解决"who"和"whom"之间风格区别的问题。因为它们互为变种，所以"whom"已经成为正式文风的标志，有时也会带有一定程度的僵硬感。

"The bloke whom I met in the pub"（我在酒馆里遇到的家伙）听起来是错的，因为"whom"和俚语"家伙"气质不符。换句话说，有时因为风格不符而认定是"错的"，这样的判断是值得的。并且，你的耳朵是最好的导师。

但，不要真的用错了。你有时会听说人们太害怕错误而使用

"who"，或坚信"whom"只是更华丽的词，所以他们用"whom"表示主格，这是矫枉过正。"The man whom laid our patio"（躺在露台的那个男人）比"the pedant at who I flipped the bird"错得更加严重。正确运用"he/him"检测法能够有效避免这种错误。

巧合的是，列宁（Vladimir Lenin）的名言"Who whom?"[①]完全依赖于这个变形。如果列宁说的是"Who who?"，那他听起来就像一只猫头鹰。

在你和我之间

人称代词应该做主语还是宾语这个问题着实让人烦恼。当只有一个人称代词时，我们能够正确处理。除了泰山之外，没人会说诸如"Me love Jane"这样的话[②]。但当多个人称代词以略微复杂的方式组合在一起时，问题就出现了。

人们普遍认为"between you and I"是错的，因为"between"是一个介词，而代词在这里似乎做宾语——就像"behind us"或"after him"中那样。

---

① 这个句子是在问，"谁掌控了谁？"或者，用艾瑞莎·弗兰克林（Aretha Franklin）的话说，"谁在追赶谁？"这是一个非常紧凑的句子，用来表示基本的政治权力问题。

② 《无敌浩克》（*The Incredible Hulk*）中，浩克用第三人称称呼自己，狡猾地规避了这个问题。"浩克要粉碎弱小的语法学究！"然而，在动词语态和限定词的使用上，他仍存在问题。

有些人从小就受到某种教育，认为 "My wife and me love *Game of Thrones*"（我妻子和我喜欢《权力的游戏》）这句话过于粗俗，无法忍受。他们总是会说 "My wife and I love *Game of Thrones*."这样是正确的。但问题在于，第一种版本在惯常用法中普遍存在；而且如果你将顺序颠倒的话，人们更会接受这句话。比起 "I and my wife love *Game of Thrones*"，"Me and my wife love *Game of Thrones*" 对大多数人来说更像英语句子。因此，规则似乎是这样的——尽管它不合逻辑——即，如果你要在主语位置使用名词短语，比如 "my wife and I"，你必须将说话人放在后面。

当人称代词与比较级和系动词连用时，有时会出现矫枉过正的情况。你会说 "taller than me" 还是 "taller than I"（或者，"taller than myself"）？你会说 "It's me" 还是 "It is I"？有些固守语法的人认为第二种才是对的，他们要么受限于拉丁语类比法，要么受限于 18 世纪的规范语法。但是第一种听起来会更自然。两个版本都没错。通常情况下，更华丽的"正确"版本会影响你的语域。在情景喜剧《法国小馆儿》中，有个角色总是这样介绍自己："It is I, Leclerc!"（正是在下，勒克莱尔！）他这样的用法听起来很荒谬。

与此相似的一个问题是反身代词的误用。你有时会听到这样浮夸的用法："My wife and myself love *Game of Thrones*."（我妻子和我自己喜欢《权力的游戏》。）有时，反身代词也会单独出现："Please don't hesitate to contact myself…"（请毫不犹豫地联系我自己……）在这两个例子中，反身代词似乎被误以为是宾格

"me"的更正式形式。但它并不是。有人认为这是惯常用法，但我建议不再这样用，让两者有明显的区分。很多人仍然听不惯。

双重否定

"买房或出租：房屋出租，五十分。/ 没有电话，没有泳池，没有宠物。我不会没有烟（I ain't got no cigarettes）。"面对这句话，那些讲究逻辑的人坚决要维护英语的正确性。如果你不会没有香烟的话，那你一定有一些香烟，对吗？

双重否定或许不合逻辑，但它们也是惯常用法。在只以逻辑主导的英语中，"flammable"（易燃的）和"inflammable"（易燃的）比起同义词更像反义词。如上，双重否定通常用来表示强调。它们也可以表现出微妙的句意。说某人"不是没有吸引力"（not unattractive）就是说他比"没有吸引力"（unattractive）要稍微好一点，但是还不足以到达"有吸引力"（attractive）的程度。修辞学上这叫作"反语法"。

在某种程度上，双重否定，尤其是三重否定会让读者困惑，因为它们会惹怒学究。因此使用需谨慎。"Ain't got no"并不是标准书面语形式。而"not attractive"的使用也必须恰到好处，因为这个短语并不会让句子显得更审慎。前任首相约翰·梅杰（John Major）因使用"not inconsiderable"而被嘲笑①：这个反语

---

① 我找不到证明他曾这么说过的证据，但它来自《私家侦探》（Private Eye）上的讽刺文章《约翰·梅杰的私密日记》。

中的单词几乎没人使用了。

Due to 和 Because of

这两个短语经常交替出现。然而，传统意义上它们之间的确有区别，这值得一提。"Due to"通常用作形容词——即修饰名词或代词。"Because of"则通常修饰动词。

火车晚点是因为轨道上的树叶。

The lateness of the train was due to the leaves on the line.

因为轨道上的树叶，火车晚点了。

The train was delayed because of the leaves on the line.

两者的区别似乎消失了，因为（due to）——哦不，应该是由于（because of）——用法上的压力。但是，如果你正在写的句子不论用哪个短语都很奇怪，那么理解这个区别至少能让你找到感觉奇怪的原因，并知道如何修正。

Different to/ Different from/ Different than

有些读者读到"different to"而不是"different from"时会感到生气。他们（正确地）认为动词differ总是和介词from搭配；进而（错误地）认为用类比法，different也应该和from搭配。尽管"different from"仍然更常见，且通常不会出错，但"different to"也是长久以来的惯用法。例如，动词accord总是和with搭配，但是我们却说"according to"。

在美式英语中，"different than"经常使用，但在英式英语中并不属于标准用法。

None is/None are

有一流派认为，"none"是"not one"的缩写，因此不能和复数动词搭配。所以：应该是"none of us is innocent"（我们之中没有人是无辜的），而不是"none of us are innocent"。存储了大量用法的数据库显示，几个世纪以来，人们已经将"none"和复数动词搭配使用。因此，这不是错误——但这会让一些固守语法的人动怒。并且事实上，两者的区分有意思上的细微差别。在神学语境下，"None of us is innocent"或许表示在上帝面前没有人是无罪的；在大量的战争罪行面前，"none of us are innocent"这句话则将犯罪的范围提升到集体罪恶上（其中包括个人罪恶）。看看哪种听起来更自然；在两者都行的情况下，按照固守语法人的想法，首选单数形式。

拥有贵族气质的 "One"

英语中缺少无人称代词，比如法语中的"on"。因此，当你说的是一个不确定的人物时，可以用"one"——尽管这种用法听起来颇具贵族气质。"One can't get proper caviar at M&S these days"，即没人能在那里买到合适的鱼子酱。从语法上讲，这句话没有任何问题，尽管许多人仍会说（或写）："You can't get proper caviar at M&S these days."然而，"one popped to M&S this afternoon and one wasn't able to find any caviar"（这个下午，一个人去玛莎百货但找不到鱼子酱）是错的。在这句话中，你说的是一个特定的人，而不是一个概念性的鱼子酱购买者，因此你应该用"I"，或者"we"——如果你是女王的话。

"红布词"

让语言学发生变化的伟大机器之一就是错误。如果足够多的人，足够多次地错误使用某个用法，那它就会变成正确的。语言就像战争一样，胜利者书写历史。但语言也像战争一样，最先登顶的人会被敌方的机关枪打得很惨。

在单词的意思和拼写上，这个现象尤其明显。我将其中一些称为"红布词"，就像红布对一头愤怒的公牛产生的效果。需要语言警察来修理的词——前面提到的"decimate"就是一个很好的例子——大多数都是一些晦涩的词。这个现象表面看起来似乎有些奇怪①。但是按理来说，一个词必须经常被使用，才能足以引起专业人士的愤怒；但同时，它们也不能被过分使用，以至于失去了原本的含义。只有符合这样条件的词，才有机会成为"红

---

① 我们之所以会集体忘记如何"正确"使用"decimate"——通过杀掉十分之一的人来惩罚一支罗马军团——主要原因在于我们不再采取那样的惩罚。这是好事。

布词"。

很多时候，拉丁或希腊词根助长了"红布词"身份。根据迂腐的社会心理学，知道一个词的词根会让人产生自豪感；因此也会让人觉得，那样的知识具有某种重要性。但事实并非如此。词源学对于了解词语的形成过程或许有所帮助，但它不能告诉你这个词在当下的含义。比如有一段时间，固守语法的人很反感"television"这个词，因为他们认为这个词是拉丁和希腊词根的野蛮组合。

这种规范主义之下的阶级焦虑在福勒[①]的书中暴露得非常清楚，让人发笑：

> 制造词语，和其他制造业一样，应该由那些知道怎么做的人来做；其他人不应该尝试，也不应该帮助那些可悲的业余者，即在新词未经时间检验之前就去使用它。

如果要详尽地列出那些让固守语法的人生气的用法，那我们要花一段时间。并且通常情况下，"错误"用法比"正确"用法来历更久远——一些人认为近来才产生的粗野用法既不现代，也

---

① 我指的是亨利·沃森·福勒（Henry Watson Fowler，1858—1933），是出版《牛津现代英语用法词典》（1926）的作者。在本书的其他地方，当我提到福勒时，我指的是1966年第三版书，由罗伯特·伯奇菲尔德（Robert Burchfield）进行了大量的修改和更新。

不是错误①。略知一二是很危险的事。和往常一样，固守语法者如此反对，说明词语的"错误"含义和语境不符。

然而，下面是最常见的一些词语。一如既往，我们可以讨论这样或那样的用法是否可行——大多数现代词典认为两种变体都可以。然而，在标准英语中，下面的例子是一些陷阱。它们是学究们喜欢的用法，可以给谨慎的人做参考。

Affect/Effect：这是不同的词。作名词时，affect 表示"情感"，effect 表示某事的结果或影响。做动词时，to affect 表示对某事产生影响（或者，较不常见的用法是，"he affected a purple fur coat"（他穿着紫色皮毛大衣），指他表现出一种自大的行为或形象）；to effect 表示让某事发生。"脱欧公投影响了（affect）我们所有人：它会让（effect）英国脱离欧盟。"

Ageing/Aging：和"rage/raging"或"stage/staging"类比的话，你或许认为"aging"是标准拼写，或者是分词的唯一形式。但事实上，两种拼写都是标准用法，英式英语更常用"ageing"（但这不是强制性的）。

Alright：它是"all right"的变形，这让人惋惜。我总是写

---

① 规范主义者的一个阵营是法兰西学院，它曾经对那些荒蛮的英语词发起战争，认为它们弄脏了真正的法语。比如，他们更喜欢用"ordinateur"而不是"computer"来表示你桌子上的那个东西。不论你信不信，computer 这个词最早来自于——它的形式清楚地说明了这一点——一个法语词根（OED 词源："中古法语中 computeur 表示那些做计算的人"）。事实上，法国人最先将电脑称为"computer"。"ordinateur"直到 1956 年才出现。

成两个单词，因为"alright"会让固守语法的人生气。但从语言学上讲，没有理由接受"always"和"altogether"而拒绝"alright"，认为它是凶神恶煞。

Annex/Annexe：前者是动词；后者是名词。你吞并了苏台德区；然后你就可以在山区据点的攫取物上打乒乓。（You *annex* the Sudetenland; then you play ping-pong in the *annexe* of your mountain retreat.）

Anticipate/Expect：如果你用"anticipate"来表示"expect"，那你可以期待那些吹毛求疵的人跳到你身上指责你。因为你知道规则，所以可以预先采取行动（anticipate）。尽管两者通常相互替换，但"to expect"某事意味着相信某事一定会发生，"to anticipate"表示预测到某事会发生所以提前采取行动。守门员通过张开手臂，跳向右方来预先（anticipate）守住进球。

Beg the question（用未经证实的假定来辩论）：从技术上讲，这是一种循环逻辑，即把待证明的结论作为证明该结论的前提。一个好笑的例子是一句警句："叛变永不会成功。为什么？因为一旦成功，没有人敢说这是叛变。"现在，这个短语的用法更加轻率，常用来表示"prompt the question"（产生问题），比如，经理的突然离职产生了一个问题：桑德兰的升职愿望能否达成。

Classic/Classical：它们用法的区分不是绝对的。但一般来说，"classic"指某物历史悠久，让人印象深刻，比如"经典唱片"（classic album）；"classical"指艺术或文明的时期或风格

（尤其是古希腊和古罗马）。一辆 1924 年的宾利是一辆经典汽车（classic）；一个格斗者的二轮马车是一辆古典车（classical）。或者，在女学生的玩笑中，比较一下"我们把一只蝾螈放到了特隆布尔小姐的水壶里！太经典（classic）了！"和"我们在阿皮亚大道上砍下了特隆布尔小姐的头！多么古典的（classical）方式！"

Comprised/Composed：这两个词经常让人混淆，它们都表示整体和部分的关系。第一个词暗含"of"——"the search party comprised Shaggy, Scooby and Velma"（研究小组由夏奇、史酷比和维尔玛组成）；而第二个单词不暗含"of"："the search party was composed of Shaggy, Scooby and Velma"。"Comprised of"是最常见的含混，你最好避免使用它。"Consisted of"和"made up"或许更易区分。

Deny/Refute/Rebut：如果你 refute 或 rebut 一项指控，你要证明它是假的。如果你否定（deny）一项指控，你只是表示它是假的。有时，rebut 和 refute 也有区别，后者表示绝对不赞成，而前者强调论证过程——但一般情况下，两者可以互换。《牛津英语词典》对 rebut 的定义就用到了"disprove"和"refute"。

Dilemma：学究们认为，从词源上来说（希腊语 di-lemma 表示两个命题），这个困境指的是在两者之间做选择，而不能是多者。

Discreet/Discrete：前者表示机智圆滑，守得住秘密；后者表示将事物分离。"My wife and my mistress occupy discrete parts of my life. Fortunately, my butler is discreet about it."（我的妻子和情人占有我生活的不同方面。幸好我的男管家对此秘密缄口不言。）

Disinterested：通常用来表示"not interested in"（对……不感兴趣）——比如，"he was completely disinterested in what I had to say"（他对我要说的话完全不感兴趣）。Disinterested 也表示"不参与游戏"——即，"一个旁观者能够看出弗雷德抱怨的合理性。"当你想表达无聊时，你可以用"Uninterested"。

Enormity：这是一个老式词汇，用来表示道德败坏或穷凶极恶——比如在本·琼生（Ben Johnson）的《黑色假面舞》中："道德败坏的子宫和温床。"它还经常被用来表示"巨大"（enormousness），这样的用法似乎没有带来什么损失。

Flaunt/Flout：如果你 flaunt 某事，那你就是在炫耀。如果你 flout 某事，你就是在鄙视它。"Kim Kardashian flaunts her curves in a daring peekaboo bikini"（金·卡戴珊穿着暴露的比基尼以炫耀自己的身体线条）；"The celebrity website's sidebar of shame flouts the decencies of a civilized society"（名人网站侧边的丑闻消息嘲笑着文明社会的得体）。

Fulsome：这个形容词通常用在道歉或赞美中，表示"超过了最高级别"而不是"慷慨的和热情洋溢的"。现在，它过度地被用到赞美中，让那些固守语法的人输了。奥利弗·卡姆指出，这个词用在赞美中比用在道歉中出现得早，而且《牛津英语词典》中包括一个 1325 年的例子，用它来表示"充足的"或"大量的"。

Hanged/Hung：罪犯被绞死用 hanged（比如，"吊着脖子，直到死亡"）；照片或色情明星照被挂在墙上是 hung。

Headbutt：这个词，如要要吹毛求疵的话，是一个同义反复词。除了头部之外，你不可能用身体的其他部位去"用头顶撞"①。固守语法的人通常不会纠结于这个词，但是它有一个小故事。有一次，当我在曾经上班的报社开编辑会议时，新闻部一个穿灰色衣服的人打断了我。他对编辑说，苏格兰政治播报员喝醉了酒，在霍利鲁德酒吧用头顶撞了（headbutted）一位总管。我们当时的编辑皱了皱眉。他说："实际上，我觉得你说的是'butt-ed'。"据我所知，这件事没有下文了。

Hopefully：这是另一个让固守语法的人流汗、愤怒的词。他们认为，hopefully 是一个副词，表示"充满希望"——比如，"it is better to travel hopefully than to arrive"（充满希望地旅行要比抵达终点更好）。因此，他们认为，"Hopefully, I will finish my book before my deadline"这句话，往好了说是垂悬修饰语，往坏了说就是侵犯语言。Hopefully 要修饰的动词在哪？答案是，它并没有修饰一个动词，它修饰的是整个句子。作为一个整句副词——从 20 世纪上半叶起它获得了这个用法——hopefully 表示

---

① 奇怪的是，你却不能用屁股（butt）去"用头顶撞"（butt）。

某事有望达成。换句话说，它获得了新含义①。这似乎尤其让人们生气，因为很多整句副词都可以转换成动词形式——"it is sad that"来代替"sadly"；"it is amusing that"代替"amusingly"之类的——但是"it is hopeful that"却不能表示"hopefully"。"thankfully""frankly""regretfully"等也是这样。令人伤心的是，学究们还会继续纠结这一点。但大部分情况下，我们可以忽略学究的看法。

Imply/Infer：如果你要 imply（暗示）某事，你就会用稍微晦涩的方式来表达意思。如果你 infer（推断）某事，你就对含义进行总结。

Invariably：我发现自己总是用"invariably"来表示"大部分时候"或"非常频繁"。从技术上说，"invariably"表示"without variation"（没有变化），即一直不变。

Irregardless：人们普遍认为这不是一个词。事实上，这个由"regardless"和"irrespective"尴尬地组合在一起的词并没有收录在《牛津英语词典》中——但是超过一半的句子引用都在讨论这个词是否是正确的："She tells the pastor that he should please quit using the word 'irregardless' in his sermons as there is no such

---

① 关于如何走到这一步的，《经济学人风格指南》中提出了一个有趣的理论：他们认为是德国人的错。德国人移民到美国后，"发现这个新国家的语言只有一个动词来表达 hoffnungsvoll 和 hoffentlich。前者表示充满希望，后者表示希望如此"。对此，《经济学人》没有提出证据，但是这个说法很有趣。让我们不要对德国人如此残忍。

word."（她告诉牧师，不该在布道中继续使用"irregardless"这个词，因为根本没有这个词。）说得非常清楚了。

Just desserts：因为"deserts"在不表示沙漠时只出现在固定短语"just deserts"中，所以它经常和那个表示布丁的同音异形词混淆。"just deserts"表示"罪有应得"，并采用动词单数形式。而"just desserts"可以用作饭店名，一语双关。如果你总在那里吃饭，并因此长胖了，那就是你罪有应得。

License/Licence：第一个是动词；第二个是名词。交通管理局（或车辆管理局）通过给你颁发驾照（by giving you a licence）来允许你开车（license you to drive）。

Lie/Lay：Lie 是不及物动词，过去式是 lay。而 Lay 是及物动词，过去式是 laid。你躺在沙滩上（lie）。你献了一个花圈（lay）。你昨天躺在沙滩上（lay）。你昨天献了一个花圈（laid）。方言中有时会用 lay 替代 lie（尤其是分词中）："当我想起还有一个约会时，我正躺在沙发上（laying）"，这不是标准的书面英语。

Literally：传统上，这个词表示"不是象征性的"。"那个足球员真的有两只左脚"（That footballer literally has two left feet）并不是表示他踢球的样子很笨拙，而是指他生来带有残疾。它还可以通用为增强语气——"我不会亲你，皮尔斯，即使你真的是地球上最后一个男人"——这句话如此常用，以至于现在都变成了"象征性的"。因此，这个词现在可以表示一件事，以及与之相对的另一件事。连《牛津英语词典》在它的用法中都表示"它也被允许表达有些［……］比喻或夸张的意思"。幸运的是，语境都能成功地告诉你，它表达的是哪个含义。如果某人说"我真的死了"，那他就是没死。

Mischievious：这是"mischievous"的错误拼写（或者，如果你坚持的话，也可以认为是它的变体）。2014年牛津词典博客投票中发现，53%的人倾向于使用错误拼写的版本，而不是正确的写法。我猜那些人是开玩笑的。

Practise/Practice：第一个是动词；第二个是名词。你在钢琴练习时练习弹钢琴。

Snuck：动词sneak的完美的过去分词形式；主要（《牛津英语词典》如是说）用于美式英语中。它让某些人生气。当我写"snuck up on"（偷偷接近）时，就会有一些人愿意抽出时间专门给我写表达愤怒的信。

Such as/Like：两者通常交替使用。"在我小时候，像（like）'巨型草垛'乔奇·威尔逊这样的优秀运动员是周六下午电视节目的主流。"固守语法的人认为，这里的"like"应该换成"such as"，因为你并不是强调运动员和人们之间的相似性，而是举例说明电视上是什么样的人。在这样的情况下，"such as"更合适。比较一下："像巨型草垛乔奇·威尔逊那么胖的人是蹦床上的不利因素"。然而，通常情况下它们的含义会重叠。当你不确定的时候，可以两者都试一试。哪个听起来是对的？如果可以用"for example"来代替"like"，那么你最好采用"such as"。

Supersede：表示取代某物。常见的错误拼写方式是"su-percede"。"'supersede'写法已经取代了（has superseded）变体'su-percede'。"

错误的观点

关于词汇，有一些更细微的错误需要避免，即与风格和语调有关的问题。如果你的语调是优越的、自以为是的、浮夸的、轻蔑的、忸怩作态的或开玩笑的，那么你或许会收获一些小人物的窃笑，但你不会赢来那些更谨慎的读者。

尤其要注意自负的自我描述，或那些假装中立甚至自贬的自我褒奖。这相当于给自己一个诸如"优越"或"高手"的绰号，并希望它一直贴在身上。这是让别人来揍你。有些词是很明显的。如果你将自己形容成"持不同意见的人""愤世嫉俗者""恶棍""破坏分子""爱说笑的人"，或诸如此类，那么可以肯定的是，别人只能用一些不那么谄媚的话来形容你。

但还有一些更微妙的词："怀疑论者""现实主义者""激进的人"或"进取人士"从本质上都是将自我吹嘘伪装成陈述事实。"怀疑论者"表示："我是那种对我读到的或听到的内容进行批判性思考的人。"因为想必每个人都想要这样做，所以你想说的是，你比周围的人都聪明。"激进的人"什么都不表示，除非说话的人认为，他或她的政治面孔有着独特的勇敢——而这需要

别人去下定论。"进取人士"是政治左派恭维自己的话，几乎是
"保守主义"的反义词。保守主义者隐隐觉得，正确的道路是不
言自明、向前发展的，且只有一种可行的发展方式。

在政坛的另一边，你也要警惕"常识"或"右倾"这样的
词，因为写下这些词意味着事态如此清楚，无须争论。但如果真
的无须争论的话，那么首先你很有可能无须声明。这样的短语通
常用来表示未经检验的猜想。如果某事合情合理，那你应该讲清
楚原因。

在语言上，也有类似于圣诞服和旋转领结的词。《Viz》漫
画杂志看起来不像，但是它提供了很多这样的词。我和我的一位
朋友将之称为"傻瓜用词"。"真正的麦芽酒"条幅——一群跳跃
的、长着胡子的傻瓜们在一系列乡村酒吧中跳来跳去。但是他们
从不说"pub"（酒吧）这个词：他们用"tavern"或"hostelry"。
他们从不说"have a drink"（喝一杯）：他们用"tipple"（饮酒）、
"sup"（小酌），或"quaff"（痛饮）。

这些用词所显示的是怪诞的滑稽。滑稽和幽默不同：那些
不懂幽默的人用滑稽来取代真正的幽默。就像有人问你做什么工
作，而你回答说"我当小学老师……是为了赎罪！"好比和朋友
打招呼时说"绅士！"或"女士！"比如拿起一杯酒，说："啊，
这树，这羞红了脸的灵泉……"

对于外语词的炫耀式或玩笑式的应用通常是这种语言风格
的标志。如果你说的是"naivety"（纯真），那翻译成法语有什么

作用吗？"weltanschauung"并不能比"worldview"多表达什么。当然，个人喜好有很多维度——有些人认为 alfresco（露天的）或 esprit de l'escalier（事后想到的妙语）假惺惺，但是第一个用法已经足够常见（至少对我来说），是合理的，而第二个，像 schadenfreude（幸灾乐祸）那样，在英语中没有对等的词。但在写作中加入越多的炫耀式外语词，你的写作就越容易激怒读者。

这么多的例子应该足以让你了解大意：所有这些用法，都很少告诉读者他们想知道的事，而更多地告诉他们，写作者对自己的认知。从效果上来讲，这是作家人格的宣传；从语义上来说，这属于垃圾邮件。

研究院（academe）这个词，尤其在前面加上"groves of"（成群的）时，着实让人讨厌。而"academia"或"the acade-my"就没有那种令人讨厌的优越感。用 dreaming spires（梦想之巅）表示牛津大学也是一个展示优越感的例子。类似的还有 Big Smoke（大城市，尤指伦敦），Big Apple（大苹果，指纽约）和 Frisco（旧金山），除非你是奥蒂斯·雷丁（Otis Redding）或西尔维娅·普拉斯（Sylvia Plath）。

用 The Bard（游吟诗人）来指代莎士比亚是不好的。用来形容那些标题作家，或那些不善讲话或写连续性散文的人，也是不合适的。同样，王尔德也不是那个神圣的奥斯卡（the divine Os-car），除非你想要看那些不自然的东西。

Bibulous 或 convivial。"我想请你去参加酒宴午餐（bibulous

lunch）。""聚会将是饮酒作乐式的（convivial）。"在这两个句子中，用"drunken"就足够了。

把 call out（回应）当作"challenge"或"oppose"的同义词。这个流行语有自己的任务——表示你所反对的事情本身就是错的，在表达反对时，你不是提出一个不同的观点，就像对强权说出真相那样。《正当日中》（High Noon）那种自我褒奖的含义着实让人尴尬。

用"deconstruct"（解构）来表示"analyze"（分析）。"解构"有哲学上的含义。它不是"就我在网上看到的事写一篇短评"。

embonpoint 或 deolletage 常用来表达女性露出的胸部。这些词比较谨慎，且带有一点玩笑性质的委婉。但，Breasts（胸部），tits（乳头），boobs（乳房），cleavage（乳沟），puppies（胸部的比喻）都比那两个词要合适。"bosoms"（胸部）这个复数形式从技术上来说是错误的，它很粗俗——但是它已经转变成了常规用法（还有"bazooms"，以及与此类似的"bazookas"）。用"derriere"来表示人的臀部有卖弄学识的嫌疑。每日邮报网站的"写作时间"中包含 5840 个"derriere"，其中有 2000 个都和"pert"（无礼的）在一起。

La 被用作女性名字的前缀，有玩笑的意思。很长一段时间，专栏作家朱莉·伯奇尔（Julia Burchill）被某种男作家称为"La Burchill"。这太可怕了。

Luncheon（午餐）是个很不错的英语词。但"lunch"更好。

Tome（巨著）是一个彰显优越感，但平淡无奇的用法。请用
"book"。如果你不经思索地认为诗集的标准名字就是"薄薄的册
子"（slim volume），那你只能收获陈词滥调。

Wireless（无线）就是你用手机下影片时要用到的工具。只
有 70 岁以上的人才会用它来表示收音机，而不至于听起来像
傻瓜。

每当我遇到这种类型的词汇，我都想起一个老卡通片。一个
男人在一个华丽的饭店里说："Waiter: what's the plat du jour?"
（服务员：今天的特别主菜是什么？）服务员说："It's 'dish of the
day' in French, sir."（"'plat du jour' 就是法语里的特别主菜。"）

8
走向世界

长篇结构

这似乎是一个包含一切的类型。在某种程度上，的确是这样。让我们暂时从浅滩中划桨而出，前往宽阔的大海，来探讨那些不受正式文体限制的写作类型，比如备忘录或邮件。我们可以把它们想象成一大段文章，因此，以下要说的一些内容同样适用于信件或邮件等。

一篇文章表达一种企图，正如 essay（随笔；企图）这个单词的含义那样。当你在学校写作时，文章可以用来回答一个问题，或汇总一套观念。但是这其中隐含着前提条件。一篇文章需要找到属于自己的形式，或者说，其形式由文章内容或思想流动来决定。它必须有某种形式。它需要吸引读者的注意力，带领读者研读论点，最终以一种决心收尾。理想情况下，这种决心应让读者继续前进，采取行动，或产生信任 ①。

计　划

　　第一：不要惊慌。如果你不能以完全清晰的思路抽象概括你要说的内容，或不能按合理的顺序说出来，这是正常的。大多数作家在写作的过程中才明白自己想要说什么，他们开始觉得观点奔涌而出。过渡会自然而然地发生。因此我才会说，内容决定了形式。在修改的过程中，文章会更加明晰。

　　但这不意味着你压根不需要做计划。如果你的论证要从某些前提出发，最终走向某些结论，那就要组织你的想法。不仅要在头脑中想清楚，也要在纸上清楚地写下那些前提和结论；试着按重要程度排序。你或许会发现，其中有些观点可以合并——或其中一点隶属于另一点。

　　你可以在纸上进行一些自由联想。这个阶段你要寻找的，是一套想法。观看我的笔记，通常就像从高空俯瞰一盆吊兰：主题用大写字母写成，与相关的引用或副主题用线连接；相应的，这一片内容与另一片用线连接。不要把这当成文章计划，要当成观点的前期导图。

　　根据不同的写作类型，这些区域最终可能会成为一组段落，一个分部，一些章节或一些要点。当你开始组织文章时，你就会考虑如何将这些内容以线性的方式连接到一起，满足连续文章的

---

① 我听过的更加讽刺的评论是，这篇文章"并没有到此为止"。此类陷阱的例子参见 301 页。

要求。你不能同时说两件事，因此，当你有两件以上的事情要说时，需要排出优先级。你或许会发现，论证的逻辑给你指了一条路，但文章的效果需求又引导你走向另一条路。

如何安排优先级取决于你要做的是什么。在大多数情况下，你既想要强有力的结尾（因为根据所谓的"近因效应"，读者对结尾的印象最深刻），也想要强有力的开头，因为如果开头不够强，读者根本不会读到结尾。因此，折中办法通常是，要么根据重要性，按降级顺序排列材料，像一个倒置的金字塔那样，然后扼要重述其主要内容；要么逐步向上，走向"高能"结尾。

形象一点来说，在能量和重要性方面，你的文章要么是开头强烈，然后跌落到低水平，然后再回升；要么是开头强烈，随后稍有下降，然后在结尾处飙升。这种鲨鱼牙齿图形或许会成为你大致论证的结构，但是每部分、每一段的结构仍需要细看。一些更加学术、更富思辨性的文章——从前提论证，直至结论——或许会采用第一种模式；更客观、更实际的文章——举例子，提出佐证的论据——或许会采用第二种模式。

假如，公司要收购城镇边缘的牙膏旧工厂，而你负责提出充分的收购理由。一开始，你可能会说你需要买下牙膏旧工厂（标题新闻）。然后你或许要说，共有四点原因：有吸引力的价格；需要拓展牙膏业务；减少税务；你的竞争者正计划制造牙膏。每一个原因都需要一点拓展内容。你会将每一部分按优先级排列，最重要的放在最前面。所以，在每一部分，你会首先给出原因，然后给出用以佐证原因的论据。

因此，一个计划看起来或许是这样的：

我们需要购买这个工厂

我们需要拓展牙膏业务

  暗疮消炎霜的市场已经衰落

  我们的药剂师已知道如何制作牙膏

  由于全球漱口水短缺，牙膏销量很好

如果我们不制作牙膏，我们的对手就会先行一步

  在 EvilPharma 的线人告诉我们，他们正计划制作牙膏

  如果他们的产品范围更广，销售额就会超过我们

  价格很不错

  工厂破产了，债权人想尽快处理资产

  今年早些时候，一个类似工厂的价格比现在高 15 万美元

我们可以用这笔钱来减少纳税值

  纳税年度内，此时的一项重大资金支出对我们有好处

因此，扼要重述：我们需要购买这个工厂

这就是鲨鱼牙齿 Z 字形结构，其中还包含一系列的小牙齿。

我前面说过，每一种情况都要求不同的结构形式。但是，你可以根据足够多的情况总结出一般性结构，其中的一些结构也经受住了历史的考验。下面就是其中一些。你可以把它们当成非排

他性的技巧，而不是作为严格的戒律。

结构技巧
说三次

最经典、最简单的建议是：告诉人们你要说什么，说出来，然后告诉人们你说了什么。首先，你引导观众去接受你的信息。然后你细致地交代信息。最后你简要重述所说的信息。即：

阐述

论证

重述

经典结构

一篇文章的安排有各种各样的经典架构，但大多数都是以下版本的简化或细化，它来自公元 1 世纪的《献给赫伦尼》(*Ad Herennium*)：

绪论——简介，用来吸引读者注意力

叙述——列出一致同意的事实

分歧——写清楚分歧点在哪

证明——自己的论点

辩驳——反驳任何反对观点

结论——总结：强有力地说明你的结论或建议

神奇的 AIDA 法则

当代营销的一个正统说法是，顾客可以被引入"购买漏斗"中，从而购买产品。如果你把自己的论点作为一个产品，你就可以看出购买漏斗如何反映到交流沟通上了。

AIDA 法则描述了不同阶段的行为：

关注或意识（Awareness or Attention）——让顾客知道你在卖什么

兴趣或信息（Interest or Information）——让顾客想要了解更多

购买欲或直接利益（Desire or Direct Benefit）——想清楚如何有针对性地影响顾客个体

行动（Action）——交易结束

举个例子：

A："你听说过我们最新出的革新性的鸡眼膏吗？"

I："利用专利性纳米技术，它起效比其他产品快 60%。"

D："如果你有鸡眼，十天内就可以消除——否则我们会给您退款。"

A："请现在拨打 0800- 鸡眼膏，享受限时优惠！"

这样的结构，再更加清晰一点，长度再长一些，就可以应用到知识销售方面。其中包含观众意识。它要求你抓住观众的注意力，陈列事实，解释相关内容，最终呼吁观众采取行动。细想一下，这和经典结构没有太大区别。

你还会遇到很多这种以首字母缩写组成的方案，它们都很受欢迎。比如，《牛津简明英语指南》给出了 SCRAP 和 SOAP 这两种模式。

前者可以用来为延迟道歉：

情景（Situation）：中国新年

复杂的问题（Complication）：您订购的中国制造百叶窗将推迟一周送达

对策（Resolution）：我们向您道歉，并愿意给您打九折

行动（Action）：请告知我们你是否接受这样的处理，或是否要求取消订单

礼貌（Politeness）：再次为给您造成的不便道歉。期待你的回复

后一种模式可用于提议某项行动，它也和经典模式类似：

情景（Situation）：我们的退休基金存在了一所有问题的银行里

目标（Objective）：我们必须确保资金的安全性

评估（Appraisal）：如果将投资多样化，市场危机就不会造成太大的伤害

提议（Proposal）：寻求受托人的许可，从问题银行中撤出退休基金，放入具有多样化投资策略的基金里

这些模式的共同点是，他们跟随思维的流动。以提出情景为开头，过渡到分析，然后以呼吁行动结束。

颠倒的金字塔

这是新闻报道的经典结构。在所有情景和语境下，它都是有用的，尤其是内容紧急、无法确保观众是否会注意的情况下。本质上，你提供核心信息，然后详细阐述。

新闻报道的第一段告诉你人物、时间、地点和时间。美国人将这称为"核心段落"，是整个故事的核心。

重要信息在最上面，越往下新闻内容越少。你可以快速浏览报纸，阅读首段，获得核心信息；但是读者倾注的时间越长，就能得到越多信息。

很明显，标题时常是核心段落之前的核心段。它是首句的缩减版；而首句是第二句的缩减版，以此类推。

这就是颠倒的金字塔。往下读，你将得到——平均在每个新闻故事里——核心段落中事件的背景信息，引用当事人的话（如

果新闻的重要性足够高，通常会有广泛的引用）等。

一个公司报道或给同事的邮件或许会采用相同的结构。你会首先宣布标题信息：今年的利润或即将发生的吞并，或格洛丽亚在咖啡机旁听到弗雷德说了什么——吸引了注意力之后，你开始讲述细节。

的确，对话中我们通常这样来宣布新闻。先说"我要有孩子了！"然后是预产期、怀孕的情况，你怎样遇见了孩子的父亲等。这意味着，说出来能让你意识到事情的先后顺序。如果你要说的事很复杂，你就会先写下来一个计划，试着——不带过多预谋——给朋友讲述你所写的内容。最先说出的内容，可能就是故事的入口。

颠倒金字塔的变形可能会出现在一种较为轻松的文体中，在我的领域中叫作"随意的引入"。第一段，甚至前两段都被用来引你走入故事。我曾经的导师皮特·麦可凯（Peter McKay）在苏格兰当地报纸中学到了这个技能。他总是高兴地回忆起每周二早晨运用这种模式的情景："昨天晚上本来是和朋友小聚喝酒，像平静的周五晚上那样，结果，事情却发展到了亚伯丁街区法院里……"

随意的引入之后，接下来的第二或第三段落通常会开始介绍传统的人物、事件、地点和时间。如果你决定采用随意的引入，你需要能抓住观众注意力的品质，比如麦可凯的幽默感。颠倒金字塔的关键点就在于，重要信息在顶部。

准备好特写了吗？

在更长的文章中，你可以不必时刻采用电报体。想想电影镜头。假如你正在写一个关于远方国度内战的长篇演讲、博文、文章或报告，你或许既要抓住现场的行动感觉，又要提供地理或历史综述。有没有什么方法，能让你轻易地从一个问题过渡到另一个？

以特写镜头开始，鲜少让人失望。如果你有奇闻轶事、个人报道，或能让报道个性化，甚至呈现更大主题的引语，先写出来。这会立即吸引读者，让你的写作具有个人品格：让你的报道具有一手材料的权威性。

穆罕默德撑起摩托车脚架，往上拉了拉头巾以抵御飞扬的尘土。一把 AK 在背后颠簸着。他吐了口痰。[1] 他告诉我，明天他会从敌人手里救回妻子，誓不罢休。

然后你可以拉回来，从更大的视角切入。

阿泽斯坦的内战已经持续近十年了。像穆罕默德这样的斗士是典型的年轻人，他们的生活被卷入内战。2004 年政府倒台后，斗士们从邻近的中立区跨过边境，来到这片只

---

[1] 重读时，我认为应该先吐痰，再把头巾拉上。这是吸引注意力的好方法。

有 300 平方英里的地区。这里曾是农田，如今却成了一个无法无天的地方，充满了儿童拐卖、土匪盗贼和宗派战争。自 1964 年内战后成立以来，阿泽斯坦一直是一个动乱的共和国。四分之三的民众是像穆罕默德这样的阿泽人。但是，这个国家却被少数萨默斯人统治了三十年。

诸如此类。这就相当于经常被模仿的电影桥段：我们从故事中间开始，比如，一个只穿着内裤的少年拿着一大桶爆米花，为了躲避一只脚踩滑板的灰熊拼命奔跑；然后是一段录音；画面定格在男孩的脸上；画外音开始了："是的，那就是我。你或许会好奇，我的结局是什么……"

视角是小说家的重要工具。用第一、第二、第三人称或自由间接引语写作有巨大差别（自由间接引语是指用第三人称叙述者来表达角色的想法或感受："太痛苦了。她怎么能就站在那里，用那样的方式看着他？"）。对于大多数非虚构创作者，颜料盘里的颜色更少。但是如果你能知道如何在论点和细节间运筹帷幄，如何面对观众，你就掌控了读者阅读的方式。

重　提

在脱口秀中，你经常会看到带有"重提"的结构。表演中，喜剧演员会重提之前的笑话，把它变成一个新笑点。技艺精湛的话，他们就可以和观众建立融洽的关系。每次重提时，观众会因为熟悉而报以更欢乐的笑声。重提也是叙述的主要特征：母题、意象和观点以不同的形式重现。在政治洽谈中，重复可以加强观点，即概括某一观点的标语反复出现。比如戈登·布朗（Gordon Brown）对"审慎"的反复强调。

作家不是脱口秀演员，但通过运用相似的技巧，可以让写作在主题上具有一致性。如果你正在写的东西有一个或一系列中心主题，要把它们放在前面和中间，并揭示每一步论证与主题的关系。举一个非常明显的例子，如果你正在写一篇题为"对'宗教是人民的鸦片'的讨论"的高考作文，你会倾向于将你对"宗教""鸦片"和"人民"的理解穿插于文章中。

如果你采用小循环，文章就会变得很乱。比如写到观点 A，观点 B 然后又转到观点 A，又写到观点 C，等等。难以把控的小型思想旋涡会破坏结构。所以重提必须在控制范围内，你要呼应之前的论点，而不是机械地重复，这样每一次重提都能推进论证。想想音乐中的主调。

重提的高级方式就是下面我所说的"翻跟头"。

翻跟头

新闻业中最有用的技巧之一——在其他文类中也有效——那就是用弓把这一切绑在一起，即在最后一段中找到重提开头的方法。比如，你或许会用一句引语、一则轶事或者一个意象开头，与此同时，你用同样的内容结尾。理想状况下，这个结尾不是对开头一模一样的重复，而是有所变形。或许是回答开头的问题，或许是从不同的角度重回开头的场景，或许是重新诠释开头的引言。

比如，千禧年到来时，大屠杀的幸存者埃利·维瑟尔（Elie Wiesel）在白宫演讲时这样开场："五十四年以前的今天，一个年轻的犹太男孩苏醒，他来自喀尔巴阡山的一个小镇，那里离歌德最爱的魏玛不远，这就是臭名昭著的布痕瓦尔德。"那个男孩就是维瑟尔本人，他用这个意象作为这个关于二十世纪历史演讲的开头。在结尾处，他说道，"我又一次想到了那个喀尔巴阡山的犹太男孩，在这些年的挣扎和追寻中，他一直陪伴着我这个老人。"

这是循环结构的优雅范例，并且他的情感力量来自镜头视角的转换。这个演讲开场中提到的男孩远在另一个大洲，生活在 45 年前。但再次相遇时，他就在我们身边。这场演讲带我们完成了从 20 世纪 40 年代中期的布痕瓦尔德到 1999 年末的华盛顿的旅程。

你不需要用这种技巧以成为埃利·维瑟尔。比如，我所在的报社曾就读者最喜欢的圣诞颂歌做过一项民意调查，在这之后我写了一篇专栏报道。开篇我即批评了胜出的颂歌《听哪！万千天使高声唱》（冒犯读者永远是吸引注意力的好方法）。我的目的是论证有史以来最棒的圣诞歌曲不是颂歌，而是克丝蒂·麦可蔻（Kristy MacColl）和棒客乐团（The Pogues）的《纽约童话》。我用了几百字来阐述这首歌的情感内容：爱、失去、痛苦、坚定和怀旧。结尾时，我引用《小镇伯利恒》的歌词问道："要是没有一年来的希望和恐惧，这一切又有什么意义呢？"这是最简单的技巧，但它让这篇文章看起来更加优雅，否则这就会是一篇非黑即白的文章（《听哪！万千天使高声唱》是差的，《纽约童话》是好的）。

换句话说，用开头的内容结尾不会耗费太多精力，得到的收益却是巨大的。即使中间的内容有些松散，这样的结尾也会让读者觉得文章是规整的、精致的。

信 件

信件是过时的东西了。现在谁还寄信——除了信用卡公司和税务局之外？在无纸时代，本书的这一部分或许显得累赘。然而，信件的规则和规范很大程度上也适用于电子邮件。邮件是由信件发展而来，它不是全新的产物。

而且，还有很多情况下，信件是最好的，或唯一的交流方式。某些商业场合需要信件——尤其是法律信件。要表达慰问、祝贺或要与爱人分手时，没有什么可以取代手写信。

商务信函

商务信件的规则很直接。你想呈现的个人品格是职业性，而这一品格的呈现大部分——尤其是第一印象——依赖于信件的陈述方式，而不是你写了什么。

《美国精神病人》(*American Psycho*) 中的帕特里克·贝特曼不仅是一个连环杀手，也是职业品格的出色鉴定者。他为自己名片的品味制定而烦恼。他对同事吹嘘道："这是骨骼。写下的文字是西利安铁轨。"当一个名片上刻有"浮雕字母"、底色是"灰白色"的人胜出时，贝特曼感到耻辱。

我们不可能都当贝特曼，但是纸张的重量、信头的风格、字号的选择和布局会给读者留下即时印象。如果一个不可靠的印刷机导致信头与主体相比稍微倾斜了一点角度，别人会注意到的。同样的，宁肯不要信头，也好过潦草的手写信头。① 如果你忘记——或不愿——手写签名，虽然问题不大，但会给人留下深刻的印象。在群发邮件时，手写签名尤其重要。这表示你留心每一封邮件。不要低估这一点。

并且，听起来呆板总好过专横。对于你没见过的人，直呼其名会让那些比较传统的人——这样的人还有很多——认为你很粗鲁，不够专业。如果在通信过程中，对方的签名是名字，你或许可以认为这是在邀请你直呼其名。但不要以为你们已经很熟悉了。

语域上，要正式且不浮夸，要简短且清晰——也就是有商业范——每段一个观点，按顺序罗列。你的信读起来越快，越容易

---

① 我见过那些声称自己是职业作家的人，他们的桌子上布满沥青和——我没有开玩笑——剪贴画，剪贴画上是墨水瓶里插着一支羽毛笔。

理解，对读者来说就越礼貌。让他们知道，你珍惜他们的时间。

如今最常见的风格——在我眼中最专业或官方的风格——就是方块型。即每段采取左对齐方式，用换行符来分割段落。这种格式下，几乎所有内容——地址、日期、参考号码和最低的签名——都是左端对齐。

把地址放在最上面（信头通常包括地址）；然后是对方的姓名和地址；然后是日期。完整日期看起来最好。给信件加一个标题也很方便，这相当于邮件的主题栏。标题通常放在称谓和信件正文之间。

比如：

乒乓球拍有限责任公司，

乒乓部门，

24 种乒乓桌，

伦敦 E14 5DT

弗兰克·约翰逊，

服务部经理，

芬奇利青年俱乐部，

芬奇利东部 N2 9EL

2016 年 11 月 20 日

亲爱的约翰逊先生，

乒乓球拍商品目录

按照您的要求，我附上了本公司最新可提供的所有乒乓球拍的种类、价格以及详细的使用细节。

我很乐意告诉您，如果您订购的数量大于两箱，对于大宗订单我们可以打九折。您也可以在我们的网站 www.ping-pong-paddles.com 了解更多详情，我们有电子订货单可供下载。

您诚挚的，

乒乓球拍公司

顾客服务部助理

对于不那么正式的信件，首行缩进也是合适的。或许你以个人的名义为某人提供职位、感谢别人的工作，或祝贺 40 周年。从风格上看，这样的信件或许更贴近私人信件，因此在格式上也有所反映。这种情况下，每段首行要缩进。

在正文部分，确保语法和标点正确。这点应该不用我说。这是对读者的礼貌，如果语法和标点有问题，他们一定会注意到。

同样重要的是，使用正确的称谓。传统上，写给"亲爱的先生 / 女士"的信应该签署"您忠诚的"（Yours faithfully）；写给带名字的收件人的应该签署"您诚挚的"（Yours sincerely）。如果和贵族、医生、骑士等通信，你也要使用正确的称谓。不要用"小姐"来称呼夫人，用"先生"来称呼教授。这看起来过于草率。[①]

除此之外，看在上帝的分上，一定要正确拼写别人的名字和职业头衔。搞错的话，相当于群发一封以"亲爱的＋名字"开头的私人信件。作为一名记者，我会收到无数的新闻稿。很明显，那些发件人从数据库里找到我的名字，然后就随意发邮件来骚扰我（以及百万个和我一样的人）。我根本没有写过关于毛织品的东西，我也不是《乡村生活》的高级策划编辑之类的人。但是发件人不知道这一点，或压根就不在乎。这些新闻稿很容易被放入垃圾箱中。

求职信和简历

和商务信函一样，求职信和简历最重要的是看起来非常专业。菜鸟注定被埋没。如果有可能的话，写给某一个具体的人——收件人不明确会降低你的印象分。在这个拥有商务化人际关系网和谷歌的年代，"亲爱的先生／女士"看起来是在偷懒。

另一件需要记住的事是，在大多数情况下，收件人想要找一个原因——任何原因——来清理他们的桌面，把你的求职信放到废纸篓里。你一定记得那个古老的恶作剧：首席执行官首先会随意地把求职信扔掉一半，因为他只想招聘那些幸运的求职者。

简洁、清晰比以往更加重要。我不会发送一份超过一页纸的

---

① 参见下面的"称谓语"部分。

求职信。简历也是这样。因此，可以一面是求职信，一面是简历。

和往常一样，你要运用愿者上钩原则：你不要去想公司能为你做什么，而要想想你能为公司做什么。尽可能多地提前了解这份工作，然后突出那些能够满足要求的经历；浏览你要申请的工作的职位介绍和要求，找到关键词，把它们恰当地运用在你的求职信中。

避免陈词滥调。"具有团队精神"或"做事积极主动"等词都表明你已经染上了商业习气。抱歉，没有人关心你的"热情"或"视野"。你的兴趣爱好对招聘人员来说也没有什么意义。

关于如何设计简历，人们有许多不同的看法。但是，因为要和求职信放在一起，所以你的简历应该没有废话，为你要申请的工作量身定制。如果你是一名"帐篷设备有限公司的高级设备执行人员"，要说清楚那具体是什么，毕竟职位通常不会为自己说话。

你要做的，是尽快给一个耐心有限的人提供足够多、足够有用的信息。职业猎头在调查中声称，他们会花 4 到 5 分钟来阅读每一份放在桌子上的简历。但阶梯网的测试表明——借助于眼球跟踪软件——真实的时间是 6 秒钟 [①]。是的，只有 6 秒钟。

这意味着，最合理的简历结构是新闻文章的颠倒金字塔式。最重要的东西放在最上面：首先是你的姓名和具体联系方式。然后按倒序排列你的工作经历。

---

① http://cdn.theladders.net/static/images/basicsite/pdfs/theladderseyetracking-studyC2.pdf.

我前面提到的眼球跟踪测试还发现，招聘人员会把 80% 的时间集中在六大数据点上：姓名、目前的职务和雇主、之前的职务和雇主、最后一份工作的起止时间、之前一份工作的起止时间，以及申请人的教育背景。

因此，要想好你想写到什么时候。在这个阶段，简历是一种推销工具，而不是你的生活历史。简历让你通过第一轮审核（有一点运气成分）。如果公司还想了解更多细节，你可以在这之后完全展示自己。

在听到你的中等教育毕业成绩或在校体育获奖情况之前，招聘人员更想知道你最近做了些什么。事实上，如果你已经有了一份或以上正式的工作的经历，就不必在意本科之后的教育经历了。

我建议把职务、公司和日期（放在括号里）加粗，后面跟上一到两句解释。比如：

高级设备执行人员，Tent Solutions 有限公司
（2014—2016）

> 我管理了一个五人团队，负责运行发票系统、为顾客发货和维持库存。我能熟练运用 Tentware、Tentcel 以及标准金融会计类软件。

采用一种干净的、大小合适的字体（我推荐 12 号），并大量使用空格。让人费力去看的简历不具有吸引力。中心对齐还是左对齐，这取决于你。试着找出最干净、最易读、最简洁的方式。古怪的字体、多彩的文本和随意的大小写字母会让你的简历"与众不同"——但不是让人喜欢的与众不同。

除非你应聘的职位是模特，否则你可以不必添加照片。即使你非常性感也一样。事实上，如果你非常性感，更不能在简历上添加自己的照片。我前面提到的眼球追踪软件发现，在那珍贵的6秒钟时间里，招聘人员可能会用5秒钟来看照片，而不是阅读简历。

投诉信

写投诉信时最重要的，是记住写信的目的是让收件人站在你这边。你或许非常愤怒，但如果想在不诉诸法律的情况下解决问题，做一个礼貌的、通情达理的人就是给自己帮了一个大忙。

尤其在你面对大公司时，收信的人通常不是得罪你的那个人。至少最开始，他们和这件事无关。他们或许也会同情你的遭遇。当你开始使用"无能"和"可笑"等词汇，要求解雇工作人员或威胁采取法律诉讼时，对方的同情心就蒸发了。咆哮和暴怒让你感觉很好，但是收件人的感受才是关键。如往常一样，窍门就是换位思考。

想象一下，如果客户关系部门的戴维把你的初稿读给隔壁的简听会怎样。要记住的是，戴维几乎肯定会不予理会。投诉信越骇人听闻，戴维和简越有可能聚在一起嘲笑你，并开始想些让你更生气的方法。首先，设想你只是为了娱乐而写信。然后，用通情达理的方式撤回娱乐感。那么，理想情况下，如果戴维给简读了这封信，简就会说："是的。不得不承认，他说得有道理……"

你的任务是简单明了地说明事情给你带来的麻烦，然后向联系人提出合理且恰当的赔偿——且在他们的支付能力范围内。理想情况下，他们能做到自尊自爱，而你的要求也能得到满足。

因此，一封投诉信一定要有清晰的定位。首先，理清思路。你在抱怨什么？你想得到什么？假设你把干洗的衣物拿回家，却发现你最喜欢的西服衬里被熨斗烫出了一个大洞。干洗店的人说，这和他们没有任何关系。现在你要给总公司写信。

附上你的证据，包括相关的图片或收据。要精确地描述事件以及事件的发生顺序。如果你在商店里和店员吵了起来，你也想提到此事——但要记住你为何而来：你的目的是缝补西服，因此不要把重点转移到他或她说了些什么。粗鲁的态度很少能得到实际赔偿，并且联系人也会觉得你罪有应得。

如果之前的五封信都没有得到回复，耐心地列出你寄信的日期。如果在长期通信过程中，这是最近的一封，为了他人的方便，确保你标出了他们最近一封信的寄信日期。如果有合同或干洗票上有相关条款，清楚地标出。

并且，要求赔偿时，"我要求"这样的说法很奇怪，且比起"在这样的情况下，寻求赔偿应该是合理的……"来说，更容易被忽略。还记得莎士比亚的《亨利四世》（Henry IV）第一幕中，哈里·福斯塔夫和欧文·格伦道尔之间的对话吗？"我能从深渊中召唤灵魂。"格伦道尔吹嘘道。"是吗，那我也可以，任何人都可以，"福斯塔夫笑道，"但当你召唤时，他们回来吗？"

你要做的是温和且坚定地抓住你的联系人，而不是和他撞个头破血流。当对话转向敌对或辱骂，交流就无法继续了。我曾经礼貌地给议会写信道歉，解释停车的情况，他们因此撤销了我的停车罚单。骂别人墨守成规从来都是没用的。

在推特上进行投诉是特殊情况，这正迅速成为个体投诉大型组织的方式。我会在社交媒体写作中讨论这一点。

给朋友的信

我们来到了多少有些不受管制的区域，而我并不想管制。给朋友的信应该是风格的自由发挥。几乎没人——现在我们有了邮件、脸书，和推特上的私信——会给朋友写信了。这是个遗憾，人们应该写信。没有什么规则，你可以非常不正式地写。信中可以包含速写涂鸦。并且，你的信件会成为终身的对话。有一天，它们会从盒子里蹦出来，带给你想象不到的快乐。

作为一名文字记者，对我来说最可悲的，就是意识到书信集这种出版物类型几乎已经灭绝了。但如果你在书信中读到那些伟大的友谊——罗伯特·洛威尔（Robert Lowell）和伊丽莎白·毕肖普（Elizabeth Bishop），或金斯利·艾米斯和菲利普·拉金——你就会明白我们失去的是什么。写信时，我们所做的就是哈兹利特（Hazlitt）所说的"为当下而写"：生命的进程在信中，生命的荒诞也在信中。

在菲利普·拉金写给金斯利·艾米斯的最后一封信中，我们可以体会到"一生的对话"，让人心酸。临终之前，拉金写完了最后一封给朋友的信："我没有说那惯常的告别的话，你会原谅我的。拉金。"几十年来，拉金写给艾米斯的每一封信都会以单词"bum"结尾。但考虑到这个敏感的女人可能会抄写这封信，拉金就省去了它。11 天后，拉金去世。

请永远记住，写信给朋友是为了娱乐。那代表着可以以失态的样子狂欢。在《伦敦场地》（*London Fields*）中，马丁·艾米斯（Martin Amis）给出了我见过的最好的明信片书写建议。他警告道："那些印着外国邮戳、写满好天气、好吃的食物和舒适住所的信，还不如写了腐朽的小屋、痢疾和毛毛雨的信有趣。读起来和写起来都是这样。除了托尔斯泰，还有谁能让欢乐在纸上呈现？"

感谢信

如果某人曾请你吃午饭，在纪念日送你贺卡或邀请你参加他们教子的生日会，你就必须亲自在纸上写下感激的话以做回应。这就像希格斯玻色子总是自然而然地出现在物理学家面前一样。

拿着纸笔坐下来，像狄更斯那样，写下感激的话，然后贴上一张一流的邮票①，放在信封里，写上收件人的地址、邮编等。这个过

---

① 一定要是一流的邮票，否则会让你的信看起来很廉价。

程似乎让人头疼，而这也是为什么要这么做的原因。这显示出你为表达感激所付出的努力，也大大提升了再次被邀请的概率。

慰问信

给痛失爱人的朋友写一封慰问信，是最让普通人感到无力的事。你会觉得尴尬，这没关系。但是写信这个行为是重要的。不论多么尴尬，悲痛的人也想得到你的安慰。这是在表示尊敬，维护友谊。快速地写，并且——我强烈建议——要手写。

你要写下你和收件人以及逝者的关系。慰问信的核心是，它是私人信件。如果你非常了解逝者，那就分享一些温暖的回忆，甚至是快乐的回忆，这会让收件人感受到你们之间的纽带。如果你不太了解逝者，你很有可能要有礼貌地提及你所知道的事。

要小心。朱利安·巴恩斯在 2013 年的书《生命的层级》中——包含了他因恶性癌症而痛失妻子的回忆——异常坦诚地说，悲痛之人会对朋友们生气，"因为他们无法说出或做出正确的事，因为他们过分的压抑或表面的冷漠。因为被痛苦袭击的人很少知道自己需要什么，而只知道自己不需要什么，所以有所冒犯的给予和索取都是很常见的行为。"①

---

① 巴恩斯提到了一个让人心痛的经历："有人建议我在巴黎租一个公寓住半年，或者，'在瓜德罗普岛租一间沙滩小屋。'她和她丈夫会帮我照看房子。这对他们来说很方便，而且'弗雷迪也可以在花园里玩'。在我妻子生命的最后一天，这个人给我发了这样一封邮件。弗雷迪是她们家的一只狗。"

要运用智慧，但不要趾高气扬。不要对收件人说，他们应该怎样做。如果你发现不知道该说什么，就承认这一点；但不要喋喋不休。"我发现这封信很难写，但我希望你知道，我是关心你的。"或诸如此类，就足够了。不要戏剧化地表达悲伤，或与人比惨。不要关注逝者的死因。承认收件人的悲痛，但不要唠叨个没完。你要关注逝者的优秀品质，而不是逝者已死这个结果。

并且，我读到的或听到的经历丧亲之痛的人都认为，冷漠的帮助和不提供帮助没有区别。"如果有什么是我能做的，请告诉我"或许会让你感觉更好，但它只会给收件人带来负担，因为他们还要考虑怎样给你回复。收件人的负担已经够多了，一封慰问信不应该要求回信——尽管你可能会收到回信。

同时，在宗教方面要尊敬逝者。如果你给一个顽固的无神论者遗孀写信——即使你自己是个虔诚的基督教徒——说你相信逝者此时已抵达天堂就太过分了，这让慰问信变成了煽动性文章。慰问信的核心并不是你自己。

情 书

我不该用我漆黑的手指涉足人类的灵魂。有多少相爱的人，就有多少情书。情书的重点就是，你不能采用任何模板。必须是专为收信人所写，专为你自己而写的。

另一方面，我又不能完全放手。《大鼻子情圣》（*Cyrano De Bergerac*）告诉我们［大部分人可以通过史蒂夫·马丁（Steve

Martin）的电影《爱上罗珊》（*Roxanne*）了解到]，合适的词语能够赢得女孩的心，即使对方是那种鼻子大得出奇、在社交应用上会被人忽略的男孩。

是什么让一封情书发挥作用？首先，爱人想被人看到。情书是为了获得吸引力。我曾听人说过，维持关系的重点不在于你对别人的感觉，而在于对方让你怎样看待自己。因此，写情书的本质是：你要说清楚，对方给你留下的印象——你多么注意他们——同时你所说的是一种独特的关注。那就是，你正在成为最好的自己——对世界更加敏感，更愿意与别人交流——以至于你对别人的注意成了一种恭维：他们是耀眼的火花，是注意力的核心。

因此，抱怨自己的痛苦，说对方是唯一能把你从孤独中拯救出来的人——或许这是真的——只会让你成为负担，而不是有吸引力的人。同样，像佛泽伦通·托马斯那样写一堆关于月光、玫瑰和猫咪胡须的样板文章不可能奏效，除非对方是个笨蛋：你应该只沉醉于你的爱人，而不是你的文章风格或陈腐的文学姿态。

当威廉·戈德温（William Godwin）追求日后成为他妻子的玛丽·沃斯通克拉夫特（Mary Wollstonecraft）时，他就犯了这种错误。他寄给她一首呆板的情诗。她一针见血地回复了他。她说，她想要的不是一篇虚伪的文章，而是"他内心的鸟瞰图"。她让他不要再写信给她，"除非你坦白地承认你着魔了"。

些许污秽之词没有大碍。性是亲密的交流，关于性的交谈也是亲密的交流。在结婚早期被迫分开的时候，泰德·休斯（Ted

Hughes）对西尔维娅·普拉斯写道：

> 最重要的是，我要把每一声低语留到周六，把你好好珍
> 藏。每当想起你的时候，我就感到我病了，身体在疼痛中勃
> 起。周六我会把这些都给你，填满你，用你填满我，在你身上
> 杀死我自己……
>
> 我爱你
你的丈夫，泰德。

情书的一个本质就是冒险。它会让你先隐藏自己——因为你通过词语来塑造自己——然后又暴露自己。自《克拉丽莎》（*Clarissa*）以来，无数的文学作品都证明了一封信可以落入不当之人的手中①。它们无法"撤销"，不像醉酒后那些真挚的话一样。因此，你写得越亲密，暴露得就越直接；越受制于别人，你所暗示的信任就越多，倾注的信心也就越大。

亲爱的约翰斯

桃乐丝·帕克（Dorothy Parker）写了一首短诗：

> 当你宣布你属于他，

---

① 安东尼·韦纳（Anthony Weiner）的代价告诉我们，私人信息也会落入不当之人手中。

你在颤抖，在叹息。
他发誓说他的热情是
无限的，永恒的。
女人写下了这一点——
你们之中有一个人在撒谎。

迟早，如果不是永远的话，要么你会把别人甩了，要么被甩。这没什么规则可言。但有一点可以留心，那就是来一场面对面的交谈。如果要写信的话，亲自写，且不要带有愤怒地写。用短信或邮件宣布分手，或突然把脸书状态改成单身，总会给别人带来侮辱。你为什么不让前任对自己感觉良好，或尽可能认可自己呢？永远可靠的道德权威库尔特·冯内古特说过："该死的，你得仁慈一些。"

而且，这对你自己也有好处。在分手时表现失礼——尤其是我们现在的生活如此公开——会影响别人对你的看法。创世纪乐队的鼓手菲尔·柯林斯（Phil Collins）被曝出，在结婚 12 年后，通过传真宣布和第二任妻子分手。这个行为如此混蛋，以至于 25 年过去了，许多人仍然记得这件事。

屏幕写作

我说的不是剧本写作，而是在电子科技产品上写作，从网站到社交媒体。我在此要说的都是暂时的规则——因为在线交互的规则和常例仍在建设中。

之前我说过，语言的变化是由社交关系改变引起的，语言对社交关系进行编码。我们在家庭、学校或社团的环境里学习语言。对于团体之外的语言用法——不论是地区性还是阶级性用法——我们都会去指责它。

两种不用的语言团体相遇会摩擦出诸如"克里奥尔语"这样的语言。在此基础上，下一辈会把这种混杂的语言作为母语。不仅如此，从学术行话到亚文化中的用词，这些都是交流和身份的制造物。它们都是社交性的语言。

所有语言和意识形态团体都会在网络空间相遇、碰撞。因此，互联网——尤其是社交媒体（俗话说，线索就在名字里）——成为语言变化的实验室这一点，不足为奇。

从只能根据化石记录钻研人类的进化，到在实验室里研究黑腹果蝇，请想象这之间的差别。果蝇的一生不超过十天。突然间，你就可以实时研究进化了。推特也是这样。几个月后，语言的用法就会过时。

同样，网络上的正统说法也是来了又走——根据愿者上钩原则，每种说法都针对特定的观众和风格。以我所从事的新闻报刊领域为例，十年前的传统观点认为，一家报刊的网站应该主要通过点击浏览。登录页面或主页面（通常）不超过一个屏幕的大小。主页上应该有一系列标题、预告和照片，用户可通过点击它们进入故事。菜单也应该引导人们进去不同部分，每一部分都应有自己的注册页面和副菜单。所有事情都应该像俄罗斯套娃那样嵌在一起。你可以称之为视觉上的从属关系。你可以点击《卫报》主页，点击进入"评论区"，再点击进入书籍区，再点击某一篇书评，或点击任何你感兴趣的内容。

然后，中端市场小报《每日邮报》上线了，且不理会这些规则。与其让所有内容藏在一个整洁的、有秩序的主页后面，《每日邮报》让故事如洪流般毫无逻辑地堆积在一起。重要新闻，热点事件，绯闻，狗仔队拍摄的女明星沙滩照片……你可以在这个大熔炉里一直找下去。现在，这变成了流量最多、最具"黏性"的网站模式。

它的目的就不是为了按顺序排放新闻。它让你想要更多——就像我们浏览互联网其他网站那样——好奇的读者会在荒诞的、沮丧的、刺激的和微不足道的新闻之间随意浏览。

现在，这种打乱类型和种类的方式在网上随处可见。因此我们经常分心。即使我们正在阅读一篇严肃的网上文章，其他的窗口可能也正打开着。我们会看看手机，切换到推特界面，随意浏览某人发布在 Ins 上的聚会照片……对于某一种类型和语调的持续关注（在安静的图书馆里读书时，你会获得这样的体验），这样的体验在互联网中很少见。

因此，数字化写作的关键在于吸引并维持别人的注意力。你想要读者点击进来，并停留一会儿。你的目标是点击率和黏性。

我们也知道——大体知道——什么在网上更易传播。图像比单独的文字传播得更远；带有情感的内容，或带有互动倾向的内容都非常有效；愤怒、幽默、好奇、震惊和团体的"虚拟暗号"，这些都会让发布的内容走得更远、更快。因此，那些固定短语在广告和推广中才会如此有效，比如"会让你震惊"或"你一定不相信 X 现在的样子"；这也是"秘密"一词经常出现的原因；也是"内容清单"——《星球大战的 24 个连续性错误》之类的内容如此引人好奇的原因。

几年前，在采访 BuzzFeed 创始人乔纳·佩雷蒂（Jonah Peretti）时，他说，网络文化的"组织逻辑都是社交性的。人们喜欢一起做什么事，我们就用那些情感反应来组织站点"。震惊或好奇、感伤、愉快和愤怒都是传染性内容，如果你打开 BuzzFeed，就会找到不同的"区域"，它们不是以"新闻""艺术""评论""绯闻"等命名，而是以"大笑""胜利""天哪""可爱""失意"等命名。

夸张和情绪语言开始崭露头角。现在，BuzzFeed 的登录页面有"让人捧腹大笑"或"绝对聪明"的内容，有"总结"某个现象或"每个人都会犯的"错误的列表。标题激发读者立即阅读。"你能通过这个德国基础测试吗？""你能猜出这是哪一位迪士尼公主吗？"

这是一种不正式的、夸大的、压缩的多数派语言。这是网上交流默认的语言——尽管不是唯一一种。

电子邮件

电子邮件是个不断变化的交流方式，它本是手写信件的数字化版本，现在却更像短信或即时信息。因此，你需要稍微想一想，才能确定正确的使用语域。如果一整天你都坐在桌子上发邮件——一会儿给丈夫发一封，一会儿给上司发一封——很容易就把语域搞混了。附加的亲吻表情符发给朋友是合适的；但发给同事可能就不合适了，除非你们非常亲密；并且，给经理或下属发邮件时使用那些表情，会让语境变得轻浮甚至诡异（在特定语境下）。记住，在办公室里写的邮件，大部分情况下归公司所有，而公司（以及内部存储程序）会无期限地保留那些邮件。希拉里·克林顿（Hillary Clinton）就没有记住这一点。点击发送按钮前，要考虑到最坏的情况：这封邮件打印出来、放到总裁办公室里，或拿到劳资仲裁法庭上是什么样子的。安全总好过事后抱歉。

给陌生人发邮件，尤其是工作邮件，需要和手写信件一样正式。你不需要提供那个日期或回信地址，但是问候、签名都应该在其应该在的位置；即使有电子自动签名，如果你能在最后打上自己的名字，也显得你更有礼貌。随着邮件来往变成交流的方式，语域也许会稍微随意一些。但是，至少在最开始，要将邮件看作是正式交流。给陌生人手写信件时，你不会用"嗨，鲍勃！"开头。有些人——如果不是大多数人的话——在打开这样一封信件时一定会生气。友好的态度是好的；但放肆的态度就太冒险了。

标记"紧急"邮件——很多顾客可能会让你这样做——在公司里或许可行，如果这是公司的行事方式之一。但给外部联系人或陌生人发邮件时，标记"紧急"让人觉得你想插队。有些邮件可以例外，但突如其来的提议、新闻稿、商业对谈等一般不在其中。邮件的一大好处在于，它允许人们发送即时邮件，也允许收件人按自己的时间回信。电话最初被发明时，一想到陌生人可能会给卧室打电话，干扰隐私生活，人们就感到惶恐。现在我们习惯了用电话，但仍应记得这种恐惧的本能。如果某人觉得你正在强迫他们注意你，他们不会喜欢的。

要求发送已读回执也总是会适得其反。和收件人换位思考。在他们看到你的邮件内容之前，你就在要求他们回复了。已读回执就是心脏里反复戳弄的手指。我在推特上就此话题发起了民意调查。尽管我的推特粉丝显然算不上科学样本，但他们的回答非常明确："在所有情况下，我总是会拒绝发送已读回执。""莫名恼火。""我受不了。""让人讨厌。"如果你的收件人中，百分之十的人有这样的感受，那就必须避免①。如果你需要在某个时间范围内得到回复，那就得体地写在邮件内容里。

写邮件时有许多操作问题和语调问题。

---

① 事实上，讨厌发送已读回执的人远比百分之十要多。我发起的推特民意调查共获得了654人投票，其中95%的人认为要求发送已读回执"令人生气"。

首先是垃圾邮件过滤器。全部大写或看起来很丑很夸大的标题，是让你的邮件被归为垃圾邮件的一种方式。相似的还有一些明显的触发词，比如"免费""赢得""性""伟哥""现金""金子"，以及过于激动的标点符号"！！！！！！"。的确，大部分人的工作邮件或私人邮件不会以"免费伟哥！！！！"为标题。但是垃圾邮件过滤器是愚蠢的。你可以想象，一个粗心的商品交易员可能会在邮件标题中包含"现金""金子""免费""赢得"等词语。垃圾邮件的其他标志还包括过大或过小的字号、超链接比例过高、大图片过多等（垃圾邮件制造者有时会把内容放在图片里以躲过过滤器）。如果你的附件是合理的，一定要在邮件正文中解释说明。未经提及的链接或附件，即使能应对过滤器，通常也会让收件人觉得发送邮件的邮箱被黑客盯上了。

第二点是注意力时长。这是我们的老朋友了。关于人们如何阅读邮件的很多调查都表明：人们不会非常认真地阅读邮件。至少一半的人不会向下滚动屏幕，很多人只会阅读预览部分。这意味着（取决于邮箱的配置）他们只会看到邮件正文的前几段。

因此，标题和问候语非常重要。要通俗易懂，体现出邮件的主要内容，且要足够有趣，能够吸引收件人的注意力。

一如既往，将最重要的内容放在邮件的前几段。不要用前四段来总结现状，然后再提出你的改善提议。逻辑上，这或许是可行的，但对于人类的注意力时长来说非常不友好。

亲爱的艾德，

几周以来，员工们一直在抱怨员工餐厅的饭菜。昨天，有 40% 的员工把一口没吃的咖喱菜花送回来了。收入下降了 20%，员工们的斗志，至少有些时候，非常低沉。你尝过前几天的鱼肉吗？就像湿透的厕纸！不仅如此，我们勉强通过了上一次的卫生检查。基于这些情况……

艾德或许想看你的抱怨，但如果他很忙，他就会把这封邮件放到 TL;DR 文件夹中，有时间再看。

不如这样开头："我觉得我们必须解雇餐厅伙食管理员。原因如下……"

博客和网站

保持简短。如果互联网有什么标语的话，一定是这四个字母 TL;DR："Too long; didn't read."（"太长；未读。"）用 T. S. 艾略特的话说，我们"都因心烦意乱而无法专注"。因此，如果你想要让除了你妈妈以外的任何人来读你的网站或博客，就需要记住这一点。搜索引擎优化是一个专门的学科，超出了本书的范围，但是你最好了解建立网站的事情。搜索引擎优化专业人员建议页标题要短，这样才能在搜索结果中完全显示。基于搜索引擎和标题样式，你有 40 到 70 个字母的空间，再小心也不为过。

网站咨询师雅各布·尼尔森（Jakob Nielsen）于 2006 年进

行的一项眼球追踪调查显示，人们在网上阅读时并不心烦意乱：人们阅读方式不同。尼尔森发现，人们浏览网页文本的模式是典型的 F 型。（他说，F 代表快速。）首先，人们的眼球会水平地扫过页面上部。然后，水平阅读——速度稍微放慢——下面的一点内容。然后，眼睛会垂直扫过页面左边缘。

尼尔森从调查中总结了三点结论：

1. "用户不会充分阅读文本。"这意味着，你不能指望读者逐字逐句地阅读。将你需要他们注意到的内容标记出来。
2. "前两段必须说明最重要的信息。"我们回到了颠倒的金字塔。在 F 模式一开始，作者就要把内容说清楚。
3. "用携带信息的词汇开启副标题、段落或要点。"意思是，页面左边就是最富刺激性的地方。因此，尤其是在商业文件或网站中，把重要信息放在左边。当读者的眼球浏览到页面左边时，利用设计特征来抓住他们的注意力，比如重点信息或副标题。

坏消息是，读者在每个网站的停留时间平均只有 10 秒左右；只有不到 10% 的网页可以赢得两分钟及以上的注意力。你也可以有更高的期待，这取决于不同的网页类型；如果用户是有意来到你的网页的，那么他或她就有可能倾注更多时间。但不要以为用户的注意力是理所当然的。页面上的词语越多，读者花费的时间就越多——但这也受收益递减原则的影响。尼尔森用另一个不同种类的大型数据集来处理这个问题，结论是：网页上的每 100 个词只能赢得 4.4 秒的注意力。这比每秒 20 词要少。

博客不止有一种。有些博客内容是散文；有些是日记；有些——如果博客的范围也包括 Pinterest 或 Tumblr——更像是一系列人工制品的博物馆。每个博客都有自己的特殊气质和结构：散文式的博客想要提出一些不错的观点；日记式的博客倾向于使用一种语调来营造亲密感、用来记录事件的变化或提及名人来抬高自己。

普遍适用的一点是，获得成功的关键是了解你的观众。如果读者是你自己，或你和一小堆朋友，这没有什么可耻的：用尽一切办法写下你晚餐吃了什么，或者你多么厌烦家庭作业。但如果你希望获得更多观众（如果你在网上发博客，你大概是希望这样的），你需要给读者一个阅读你博客的理由。

博客是个人的。你的卖点是什么？是你的专业知识或权威性？是你的品位、风格或语调？无论如何，博客需要独特卖点。你会发现，一个成功的博客需要专注于某一件事。这合情合理。如果某个看你博客的人希望读到的是关于食品的内容，然而两周以来你却只写了写编制样式的内容，那么你就不能获得那些读者。为了这一件事，读者会再来找你。这件事或许是你这个人；但是更多情况下，是你知道的或做过的某些事。

举一些例子。艾略特·希金斯（Eliot Higgins）一开始是个业余网民。2012 年，他开始对叙利亚内战中使用的武器感兴趣。他开始借助网上和社交媒体中的资源，以布朗·摩西（Brown Moses）为笔名发博客。他能够分辨出哪个武器在哪里使用过。增长的专业知识和独创性开始成为他的独门绝活——他爆出叙利亚政体利用桶装炸弹对付市民的消息，并确认了 2014—2015 年间俄罗斯军队驻扎乌克兰的事实。他在一个领域非常专业——他的"公民新闻"产生了重大的政治影响力。如果你想知道叙利亚发生了什么，希金斯——他成立了公民新闻团体 Bellingcat——就是不可或缺的资源。

另一个利用专业知识吸引粉丝的博客用户是律师戴维·艾伦·格林（David Allen Green）。他本来的博客名是来自肯特的杰克（Jack of Kent），采用一种极为冷淡的法院文风来分析主要政治事件中的法律问题。他对读者（也包括我）的吸引力来自他的精确和专业性。你可以在网上各种地方获得意识形态。但是他能够区分侵权和萨赫蛋糕，也能清晰地解释给对法律不甚了解的人。这样的人值得关注。在分析新闻时，他能带来独特的东西。

布鲁克·马尼安蒂（Brooke Magnanti）的博客名是白日美人（Belle de Jour），她有不同的卖点：她是一名性工作者。读者去看她的博客是因为它为读者打开一扇窗，让他们能够看到另一个世界的景象。她风格独特，且拥有广泛的兴趣爱好，这一点也帮助了她的博客。出于好奇或好玩——他们为她的声音和性格停留。

当然，有些博客是语调导向的。尼尔·盖曼（Neil Gaiman）因为写小说、童书和漫画书而出名。他很早就踏入了博客世界，因为写得好、故事有趣而获得了一大批粉丝——也因为人们真的很想了解尼尔·盖曼这个人。他给那些想要模仿他的人提出了很多不错的、警醒的建议。"人们找到我，问我，怎样才能有150万人阅读我的博客？"他说，"你需要从2001年就开始，且前八年中一天都不要错过……"

社交媒体

社交媒体给那些好为人师的作家带来了独特的危险和机遇。机遇是，社交媒体的潜在范围是无限的。通过一个技巧高超的脸书或推特，你可以从卧室走向全世界。

但另一方面，它也有可能让事情以错误的方式不断蔓延。你需要记住以下三件事。

1. 语调通常很难在网上传播

这是致命的。反讽、自嘲或冷幽默能被轻易地解读为偏执。提问可以被解读成嘲笑或挑衅，因此才会有辩白短语"真正的问题"。你只需看看所谓的"推特风暴"是如何给无辜的人造成伤害，就知道其中的危害了。作家乔恩·罗森（Jon Ronson）在《千夫所指》（*So You've Been Publicly Shamed*）一书中提到了公关经理贾斯汀·萨科（Justine Sacco）的例子。在上飞机之前，她在推特上发布了一个粗俗的笑话："要去非洲了。希望我不会染上艾滋。我是开玩笑的。我是白人!"一条本是意在嘲笑种族主义态度的帖子被认为是对种族主义的支持。到了萨科小姐飞机降落时,这条推特已经被转发了 2000 多次,且被放到了热门位置上。不到 24 小时,萨科小姐已经成为公众憎恨的人物,还丢掉了工作。

2. 你有多种潜在观众

你的潜在观众或许不能像朋友或粉丝那样与你产生共鸣。这一点和第一点密切相关。但这意味着,你要考虑到某些行为如果广为传播,会产生怎样的效果。最安全的假设是,即使表面看起来很封闭的社交媒体账户,其本质也是公众论坛,比如脸书或私密推特账户。2016 年,作家尼克·利沙(Nick Lezard)在私人脸书上开玩笑,说想要为一场政治刺杀举行众筹。那些对他的政治观念有敌意的人将这视为煽动暴力。于是,他在网上受到了控诉,他工作的报社面临解雇他的压力。这时候就不是开玩笑了。

3. 互联网上的东西永远不会消失

真的不会消失。你可以删除一条推特,撤销脸书,或编辑一条 Ins,但有些恶棍会截屏。醉酒后发的短信会成为一个错误;但在社交媒体上发布醉酒、愤怒或自怜的内容则会成为灾难。如果你匆忙之下发帖,那么你有的是后悔的时间。

还有一些次要的原则需要牢记在心。它们并不是不可触犯的规则,但在使用智能手机前,这些原则值得思考。

● 不要一直发状态:社交媒体是为了对话。如果你做的就是发送自出版作品购买链接，或邀请人们为你自我致敬的脸书"点赞"，人们就会把你当作一个只会打广告的马蝇。要提问题。要和人们互动。这对公司账户或私人账户都同样重要。

- 你说话的语调决定了对话的语调。暴怒只会招来暴怒。理性会带来理性。总体来说，社交媒体上的交流比线下沟通要更随意，也有着自己的风格准则。学着掌握技巧；但也要自由地去发掘违背语言得体性所带来的幽默潜力。作家索尔·华兹华斯（Saul Wordsworth）有一个恶搞推特账户@nazihunteralan。他声称是一个贝德福德郡的退休职工艾伦·施托布（Alan Stoob），为纳粹调查英国伦敦周围各郡。因为年纪大了，艾伦不怎么会玩推特，所以他经常署名为"祝好，艾伦。"我提到他是因为，这显示出，大多数人已经非常熟悉社交媒体的准则，以至于当有人用一种守旧的方式写推特时，听起来会非常奇怪，让人发笑。

- 如果可以的话，有趣一些：如果你让某人笑，你就一辈子拥有了他们。几年前，当时并不特别出名的小说家大卫·怀特豪斯（David Whitehouse）[①] 发了一条推特："兰斯·阿姆斯特朗（Lance Armstrong）应该被表扬，因为他嗑药后能骑得那么好。我曾尝试过，结果撞上了一只狗，

---

① 我这么说不是无礼，而是想说，小说家的身份在当时并没有给他带来上千的转发量。像 J. K. 罗琳那样的人物，你无法从她成功的社交媒体经历上获得太多结论。

掉进了水沟里。"这给他带来了接近 10000 的转发量。是什么在发挥作用？首先，这涉及时事。其次是用词。一只狗的细节——在他身上发生了两件意外，而不是一件——让画面格外生动。再者，有人骑车掉进水沟总是有趣的。他的出版商回复了他的推特，祝贺他："你那条关于兰斯的推特已经被转发了 9249 次，好样的。要是《床》（怀特豪斯的第一本小说）能卖那么多就好了！！"

- 转发对自己的赞赏只会让人们离开。我的建议是，只转发对你的侮辱或侵犯。任何情况下，人们都更喜欢读到这些。

- 谨慎使用标签。在标点章节我曾简短提到过，标签的作用不止一个。它主要是一个组织工具。当它表示一个社交媒体话题或辩论内容时，可以让人们跟进某一系列对话。标签也被用来作为评论的标记。以一连串标签符号结尾的脸书、Ins 或推特看起来很老旧。# 失败 # 大笑 # 爸爸的建议 # 希特勒小姐，你以为你在和谁开玩笑

- 考虑到对话中包含的对象，考虑他们是否赞同你正在做的事。你的朋友会未经你同意就把你拉入对话小组中，脸书用户对此应该很熟悉。这是不好的行为。尤其在你不是资深脸书用户，不知道如何退出"恢复鞭刑"或"遣返回家"小组中时，这会让你格外厌烦。同样，如果因为回复了一条推特而陷入 600 多条推特的喧嚣中，每一条提到原

推特的消息加在一起会给你带来巨大的灾难。如果某人不会积极地参与对话，那就不要标记他们。并且，在回复中提到某个你不同意的人时，情况有所不同——只有同时关注了你们俩的人才能看到——通过在你的回复下引用，或开头加一个句号，就可以让这条推特变成所有人可见。这就相当于写一封公开信。这通常是一种挑衅行为，从你的粉丝中邀请一个可能会跟风的人。这经常会看起来自大或专横。

- 当个体和公司在公共社交媒体领域互动时，上述两点——标签，以及对话涉及的对象——会相互重叠。公司喜欢让大众"参与进来"。这是好事，但也会让你自己变得脆弱。不起眼的公司可以在脸书上通过差评来吸引人群。当你建立标签时，需要好好想想，它是否会被用来对付你。2016年10月，南方铁路公司因即将到来的 RMT 工人罢工而遭到重创。因此，@southernrailuk 发了一条推特："该回到铁轨上来了。@RMTunion& 告诉他们铁路工人罢工给你的感受。#重返铁轨的南方人。"这是个巨大的错误。铁路公司收到了好几千条支持 RMT 工人的回复和标签帖。人们嘲笑铁路公司的服务（"人们昨晚在布莱顿等了三个小时，难道是因为罢工吗？"），反对公司公然让粉丝攻击员工的行为。猛烈的攻击让公司放弃了策划中的海报宣传活动，这一活动的日程表当然也立马被泄露到了社交媒体上。

- 相似的情况也发生在个人公开向公司抱怨以利用公众压力让公司改变行为时。你或许会发推特："嗨 @ 大众炸鸡，我在汉堡里发现了这条老鼠尾巴。你看怎么办？"最好的情况下，你的推特会被广泛传播（尤其当你附上了食物的图片时）。与写一封礼貌的私人信件相比，你会更快地收到公司卑躬屈膝的道歉和赔偿。对于有上百万粉丝或好友的名人来说，这种方式尤其奏效。公司讨厌糟糕的公关形象。最坏的情况是，你看起来是在无病呻吟，有人会指出，你所说的"老鼠尾巴"实际上只是一截炸洋葱。选择你自己的战场。

- 关于不点名推文。在某人背后说坏话——"不点名推文"是指在社交媒体上（不仅仅是推特）说某人坏话，但是不提及具体的名字——这比互联网出现得早多了。但是在网上，它尤其致命。人们或许注意不到，或许人们注意到了，认出了自己，感到伤心或愤怒（有时这是预期效果）。比起推特内容，旁观者或许会更加严厉地评判你本人。方式优雅的话，不点名推文或许会成为一个机智的笑话或辛辣的谴责。若行为粗陋，它……这引出下面这一点。

- 记住——不论你住的地方是否受到《第一修正案》的保护——诽谤罪都适用于你，而重复诽谤本身，就是诽谤。如果某人发布了有关名人、政府或令人惊骇的公司渎职的流言蜚语——尤其是这个人提到了姓名和具体指控时——分享这个帖子或链接都是采用指控的行为。"如果是真的会很有意思"或"我想知道某某会怎么说",或者"无辜脸"等都不能让你免于被诉。如果你不知道某事的真假就发布了,后果自负。做一个"消息灵通"的人或许让你感觉不错,但"为惩罚性赔偿和其他法律费用负责"就不好了。

- 记住,有多少人,就有多少种不同的社交媒体方式。社交媒体里也有部落。人们会谈及"古怪的推特"或"暗黑推特"。要知道你面对的部落是什么,掌握他们的专用语和习惯用法。

- 综上,尊重互联网的第一准则:"不要当一个混蛋。"除非那就是你的目标,你就是想让自己出局。时刻准备好承担后果。

从语言学上讲,我前面已经提示过,聪明的社交媒体用户应该知道流行语过时的速度,应该知道它们何时变成陈词滥调,被人抛弃。如果你不希望看起来是一个在婚礼迪斯科上跳舞的父亲,在重复某一别人用过的风格时,就要格外小心。互联网的语言变得很快。

2017 年,特朗普总统因为在推特后用感叹词"不!"来表示讽刺而遭人嘲笑,毕竟这一用法因电影《反斗智多星》而流行已经是 25 年前的事了。同样,前任英国首相认为 LOL 代表"很多的爱"（而不是"大声笑出来"，langhting out loud），被人嘲笑迂腐。LOL 从此改变了含义：现在更多情况下采用小写字母，要么是用作万能的符号，要么半带嘲讽的语气，仿佛在说："不错，有意思。"人们现在还会说"reflcopter"或"roflmao"吗？这令人怀疑。

考虑下列用法：

- "Wow. Just wow."（哇。哇。用来指示你认为了不起的东西）
- "I can't even."（我无语了。放在某物前面，用来回答那些让你无语的话）
- "This."（这。放在你所引用的推特前，表示赞同）
- "When you…"（当你……）或"tfw"（the feeling when，……时的感受。放在动图前面）
- "不用谢。"（放在帖子前。通过发布明星照片或不寻常的猫，你认为自己给世界帮了个大忙。）
- "brb，just…"（Be right back，马上回来，只是……当你幽默地回复或引用一段新闻或推特时，通常把这句话放在前面。比如，把"马上回来，先自杀去了……"放在男子团体汉森革命的新闻前）
- "（城镇名字），我就是你。"（表示五年前流行的行为现在已经衰落了，带有猥琐的含义）
- "燃烧!"（表示某人说了一些让别人枯萎的话）
- "DELETE YOUR ACCOUNT"（删除你的账户。通常放在

引用暴怒推特前，表示死于羞愧似乎是最合理的办法）

- YOLO（劝人珍惜当下的万能用语：You Only Live Once，你只活一次，千禧一代通常将其用作标点符号）

- WTF 或 WTAF（表示惊讶等）

这些用法专属于不同的平台。在传统文章中它们没有什么分量，但是在社交媒体上，这些用法（或将要取代这些词语的新用法）却焕发着活力。在我看来，它们的共同点是具有某种随意性和娱乐性（虽然有些刻板）。它们大部分都表示一种情感反应。

排版布局

我不是一名平面设计师或报刊副主编。我要关心的——且必须提供的知识——主要关于如何把单词放进句子、把句子连成段落、把段落写成书信、邮件、散文、报告、博客、章节和书籍。排版布局的事，需要比我更专业的人，需要借助整个图书馆里的书。

但如果只是为了提醒人们排版布局很重要，那我想要简短地讨论一下文本的设计特点。我们已经涉及的内容——比如段落和标点——既有视觉内涵也有语义内涵，它们不是微不足道的。一个段落带给读者一次短暂的休息，句号也具有这样的功能。它们让大脑理解消化前面的内容，并准备好继续看下去。

如果使用得当的话，大部分设计也有同等功能。加粗或放大的标题或副标题、内容提要和缩进都能帮助读者适应文本。段落之间的间距也有作用：你的文字处理器会在段落间空出额外一行或半行，这么做是有原因的。空白区是读者的——也是你自己的——朋友。

想一想，当你阅读时，眼睛在做什么。他们不会连续地追随一行文字，然后看向下一行的开头，并反复这个过程。你的眼睛以扫视的方式在注视点间移动——大约 0.25 秒扫过 10 个字符。眼睛把一堆字母拉进脑中，有时会回看，然后继续往下。

当一行断开时，读者会暂时获得更多的活力和注意力。每一行都是一次短暂的呼吸。随着眼球向右移动，人们的注意力逐渐消减。你可以把读者的眼睛想象成一个正在水池里蛙泳的人：迸发出的一点能量让他从左边游到右边，每次碰到水池的边缘就会获得一些助力，就像人们读到一行的边缘那样。

让人们难以集中注意力的原因有以下几种：

行间距太窄。行与行之间的距离——有时称为 leading①，过去排字工用铅条来增加行与行之间的垂直距离——对易读性有很大影响。

作者给出版社交稿，或学生给导师交论文时，通常都要用双倍行距。这是打字机时代留下的习惯，因为当时唯一增加行距的方式是敲两次回车。如果读者要在行间进行评论、校正，双倍行距尤其有用。

---

① 发音是"ledding"。

大多数印刷文本不需要双倍行距，你的文字处理器通常会自动决定行距——与字体大小成比例。但你也可以自行改变行距，现在比打字机精准多了。

这些默认设置对信件、备忘录、文章或任何打印在 A4 纸上的文本都有帮助。但他们并不是普遍规律。网页和博客为了让读者更容易阅读，行距通常更大。

字号太小。不仅是视力不好的人觉得小字难读。对于拥有完美视力的人来说，小字也会让阅读更加困难。并且，字号与行距相关——我前面也说过，字号和行距成比例关系。这意味着，如果你的字号很小，行距也会跟着压缩。

另一个需要考虑的比例关系是纸张大小。印刷商认为，每行的最佳字符数是 50 到 80，包括空格在内。这能最有效地恢复视觉疲劳，让眼睛回到页面左边，也不会经常打断读者的呼吸。

在一张 A4 纸上，12 号字能带来最合适的行长。如果设置为 8 号字，每行就会有 100 或 150 个字符，这不仅会让读者的注意力动摇，读到最右边时，他们或许还需要费力找到下一行的开头。

段落太长。再次声明，段落决定着心理呼吸空间。一个段落就是一种换行符，而读者从中受益。所以，即使你不会因每页只写一两个段落而遭到惩罚，但这会让你的文本不那么吸引人。

太长的章节也是这样。如果你能把文本分成连贯的感觉单元（假设他们适用于你写作的类型），就是给读者帮忙。愿者上钩。

页边距太小。能够让读者立马停止阅读的一个因素，就是一大片很大很密集的文本，让人望而生畏。较大的页边距（当然也不能大到让你的内容就像台球桌上的邮票那样）会带来更多的视觉吸引力。并且，再次声明，合理的页边距能让每行字符数保持在 50～80。

两端对齐。两端对齐是指文本到页面左边和右边的距离相等，让页面上的文本呈现长方形。这样的优点是内容会看起来整洁。缺点是一些单词在跨行时必须加上连字符。常见的替代方式是左对齐或右边不对齐，当字母间的距离相等且一个单词无法嵌入某一行时，它就会移到下一行。

大部分印刷书，比如你正在读的这一本，都是两端对齐。另一方面，A4 纸用左对齐更好。要考虑页面比例关系：书页更小，所以眼睛垂直移动更快，更容易碰到泳池壁。因此，可以牺牲左对齐带来的流动空间，换取两边对齐带来的整洁。出于同样的原因，书中段落间不会额外增加行间距，但是在 A4 纸文件中，文字处理器会在段落间自动增加一行行距。

大多数文字处理器也会提供"右对齐"（文字会集中页面右边对齐）和"中间对齐"（每行文字的中间就对齐在页面中线上）

格式。但这两种对正文都没用：想象读者的眼睛正在找寻能够安全停靠的左边距，却一无所获。但题目或章节标题通常是中间对齐，有些特殊文本——图片说明，或信件上的寄信人地址——或许是右对齐。

印刷混乱。过多地混合字体和字号会让一份文件看起来很奇怪，不够专业。通常，正文只采用一种字体。如果标题、说明和其他文字采用不同字体，确保它们与正文风格相符。确保一页上不会出现三种字号的四种字体。使用斜体或加粗时——比如，在章节标题处——试着保持一致的风格。你不想让你的书变成《五人因对格式而疯狂》的故事。

字 体

对少数人来说，字体会引发强烈的感觉。对此狂热的人已经建立起一个包罗万象的网站——bancomicsans.com——致力于把漫画字体从公众生活中抹去；有关海维提卡字体（helvetica）的故事已经做成了纪录片；我的出版界同事西蒙·加菲尔德（Dimon Garfield）就不同字体带来的喜怒哀乐写了一本极好的书①。

在此我想说的是，字体或许会激发某些人的感觉，但对大多数人来说，字体引起的感觉太微弱，以至于他们根本不会去考虑

---

① 《字体故事》（*Just My Type*）。

字体问题。字体引起的感受或许是微小的，但它的确存在。

字体就像是剧场里的灯光设计、电影里的音轨或宾馆里的墙纸，尽管不被注意，但它们能够塑造人的经历。因此，它们非常重要。加菲尔德甚至认为，巴拉克·奥巴马在 2008 年的总统竞选成功得益于海报上的哥谭字体（Gotham）："有些字体让人觉得所有内容都是真诚的，至少是合理的。"

因此，字体涉及语域和礼貌问题：它塑造你的个人品格魅力。如果你是广告公司，就需要使用很多无衬线①斜体。如果你经营的是那种坐满了梳着男式发髻的人的咖啡店，那你的手工酵母烤面包菜单需要类似于打字机字母的信使字体（Courier）。如果你是长期从业的律师，就需要用持重的新罗马体（Times New Roman）来交流。

真相是，如果不从事徽标设计或广告行业，你最好使用一种不会过度引人注意的字体，一种清新、易读、理性、间隔合理的字体。做些改变，体会一下字体如何影响文件的感觉未尝不可。

附录：称谓语

对于怎样称呼别人，英语中有大量的规则，包括第二人称和第三人称。那些规则太复杂，无法在此详细复述，所以我大概说

---

① 没有衬线，相当于汉字里的黑体（为方便理解，译者添加）。

些基本要点。

正确使用称谓是值得的：如果你要给一个高级学者、大主教、世袭伯爵或五港同盟的港务局长写信，或写点关于他们的内容，你要确保称谓正确。有些情况是非黑即白的：那些具体的、固定的惯常用法并不是语言的随意变体，它们不允许平等主义信条对其进行修改。

但你需要花点时间在谷歌上搜索：你在信封上应该写什么，信件如何开头①，面对面介绍时应该说些什么，如何描述别人等。这些都是略有不同的事。维基百科和德布雷特也有这方面的大量资料。

普通公民——不论是和他们握手还是给他们写信——都采用先生、夫人、小姐或女士的称呼。除非你非常确定女性联系人的婚姻状况，并确定她不反对在称谓中体现出来，那么如今礼貌的方式是采用"女士"来称呼②。

如果你正给一位男士写信，且觉得有些守旧或做作，那可以在信封上写下"大卫·史密斯先生"（David Smith Esq）。不要写成"Mr Dave Smith Esq"，Mr 和 Esq 不能同时存在。在任何情况下，信封里的信件都应该以"亲爱的史密斯先生"（Dear Mr

---

① 我有点喜欢"亲爱的公爵"这种有些突然（但正确）的方式。

② 与此类似，现在的趋势是不用带有性别倾向的词，比如用"chair"代替"chairman"。不论《每日电讯报》的读者来信是怎么想的，此类温和的、得体的政治正确性并没有造成西方文明的终结。

Smith）开头。

如今，对孩子们来说，"主人"和"小姐"也有些做作。给教女写信时我可能会写"米拉·阿巴思诺特小姐"，但这样做像是在显示优越感。守旧的用法是，当给一对结婚一周的异性夫妇写感谢信时，你会写给妻子而非丈夫；或者，即使写给两个人，你也会称呼"Mr and Mrs Dave Smith"（史密斯先生和夫人）。但这些都过时了。

跨性别的人通常会选择自己的代词和称呼。因为没有一致的原则，所以最简单的方法是提问。不确定的话，那些性别中立、让固执者恐慌的"他们"是无害的。比如，"我见到他们没多久，大卫·史密斯就问我是否愿意阅读他们的论文。"如果是写信的话，写名字 + 姓氏即可；如果是打招呼的话，就用名字来称呼，除非对方特别声明①。在此，礼貌或许比任何传统语法或正确形式都更重要。我说过很多次了，语言是一种社交工具。

如果你要面见女王，或给她写信，那会有一箩筐的问题。如果你需要的话，德布雷特能为你提供写信所需的细节信息②。你需要知道的是，在印刷体中，你应该称呼她为 HM（Her Majesty，女王陛下）the Queen 而不是 HRH（Her Royal Highness，殿下）。

---

① 也有这种情况：我们总会在派对上忘掉一些人的名字，而那些人又是我们非常喜欢的。这时你可以说"嗨"（hey you）。

② http://www.debretts.com/expertise/forms-of-address/addressing-the-royal-family.

HRH 用来称呼王室的王子或公主。

在弄懂所有欧洲称谓之前，英国贵族就是一个特有领域。经验法则是，用"陛下"来称呼女王，用"殿下"来称呼王室成员，用"阁下"来称呼与女王对话的公爵和伯爵——在意料之外的情况下，用"大人"或"夫人"来称呼更次要一些的贵族成员。

人们经常会弄错的一件事是对上议院成员的称谓。即使英国广播电台都会弄错。有些成员自己也会搞错；当工党成员，即布莱顿的巴萨姆勋爵在信纸上称呼自己为"Lord Steve Bassam"时，这一称谓带有谄媚的感觉。基本原则是，Y 地的 X 勋爵（或男爵夫人）应该自称为 Lord（或 Lady）+ 姓氏 + 地点。比如：Lord Smith of East Finchley。因此，应该写 Lord Smith 而不是 Lord Dave Smith[①]。其夫人则是 Lady Smith。出于性别歧视，男爵夫人的丈夫应该是 Mr+ 姓氏。

第一次提到骑士或者准男爵（世袭骑士）时应该用 Sir+ 名字 + 姓氏，之后用 Sir+ 名字。比如：Sir Dave Smith 和 Sir Dave。骑士的妻子应该是 Lady Smith。女士或夫人——最接近女骑士的称谓——第一次应该用 Lady+ 名字 + 姓氏或 Dame+ 名字 + 姓氏，之后用 Dame+ 名字。

有些人有职业头衔。首次提到学者和医师（尽管传统上称之

---

① 如果你是公爵或侯爵的小儿子，你就是 Lord Dave Smith。换句话说，为了避免称谓错误，应该完全避开公爵和侯爵的子孙后代。

为外科医生）应该用 Dr+ 名字 + 姓氏，之后用 Dr+ 姓氏。同样，第一次提到教授应该是 Professor+ 名字 + 姓氏，之后用 Professor+ 姓氏。

军事头衔也有专门的称谓——名单很长，令人生畏——但在平民生活中很少区分。少校以上的级别有特殊对待，谁能妒忌这点呢？我曾和前任第一海军大臣打过交道，他的签名是"海军上将艾伦"（Admiral Alan）。

宗教头衔又是不同的领域，这些头衔不仅根据宗教种类有所区别，而且也因等级和教派而不同。没有什么可以替代。

总体来说，我想让你知道，正确使用称谓是重要的礼节。它从字面上显示出你对观众有所了解。或许这过于讲究，但它不会给你带来损失，还会给你带来好处，尤其是碰到在意称谓的联系人时。感谢上苍，我们大部分多数情况下只需用到先生和女士。

* * *

新闻界的用法似乎已渗透到一个更广阔的文化范围内，值得留意。新闻记者喜欢用简短的方式来称呼别人，在名字前加上职位。

炸弹爆炸时，瑜伽教练学徒卡罗尔·史密斯正在大街上购物。

这里，句子的主语——"瑜伽教练学徒卡罗尔·史密斯"——是一个单元，就像一个复合词①。

因此，用逗号分隔这个主语是行不通的：

> 炸弹爆炸时，瑜伽教练学徒，卡罗尔·史密斯，正在大街上购物。

这样，"瑜伽教练学徒"就成了句子的主语，但是没人会写"瑜伽教练学徒正在购物"。

因此，你需要一个冠词："一位瑜伽教练学徒"或"那位瑜伽教练学徒"。第一种是从零开始介绍她。第二种是假设我们已经知道现场有一位瑜伽教练学徒，而她的名字将会被放在插入语里。

根据定冠词和不定冠词的区别，你需要在不同的地方加标点。拆开这个看起来非常简单的短语有点复杂。考虑以下变形：

i. 炸弹爆炸时，瑜伽教练学徒卡罗尔·史密斯正在大街上购物：符合语法，但有些古怪。这个句子暗示她是一名众所周知的瑜伽教练学徒。（"明星大卫·鲍伊正在购物……"则没有任何问题。）

---

① 《Viz》漫画杂志常使用这个说法，我甚至曾经看到过这样的称呼："没能爬上珠穆朗玛峰的、大喊大叫的演员布雷恩·布莱斯德。"

ii. 炸弹爆炸时，瑜伽教练学徒，卡罗尔·史密斯，正在大街上购物：语法合理，但含义有些罕见。这句话暗示着前面已经介绍了这位瑜伽教练学徒。只有在前一句是"一位瑜伽教练学徒目睹了昨天的爆炸事件"时，这个句子才自然。

iii. 炸弹爆炸时，一位瑜伽教练学徒卡罗尔·史密斯正在大街上购物：不符合语法。如果要用不定冠词，卡罗尔·史密斯必须放在一对逗号中间 ①。

iv. 炸弹爆炸时，一位瑜伽教练学徒，卡罗尔·史密斯，正在大街上购物：语法上没错，但有些奇怪。为什么要强调她的（不相关）职业？如果她是炸弹拆除专家或正在休班的紧急救治人员，故事就不一样了。你或许会认为，现场有一位专业人员。或许下一句就是，"她立即帮助许多存活者做出'下犬式'姿势。"

v. 炸弹爆炸时，一位瑜伽教练学徒，卡罗尔·史密斯正在大街上购物：语法上勉强通过。你有效地将她的职业放在插入语中，使"卡罗尔·史密斯"成为句子的主语，但也将职业介绍放在了主句之前。这和我更喜欢的 vii 句在语法

---

① 这也适用于没有冠词的情况。在我写作的此刻，我收到了一封信，开头是这样的："前任环境记者，路易斯·盖里于 9 月 22 日发表了《有道德的食肉者：我的猎食之年》一书。"没有逗号的话，这个句子虽不怎么样，但语法是合理的。有了逗号，整个句子就错了。

上类似。但这句话似乎暗示出，她的职业和她出现在大街上有关联。"拿着白金信用卡的鞋子收集者，卡罗尔·史密斯正在大街上购物……"或许更适合这个单逗号结构。

vi.炸弹爆炸时，那位瑜伽教练学徒，卡罗尔·史密斯正在大街上购物：行不通。这不仅落入了 v 句中单逗号的陷阱，也产生了 ii 句那种定冠词问题。它暗示，前面已经介绍了这位瑜伽教练学徒。

vii.炸弹爆炸时，卡罗尔·史密斯，一位瑜伽教练学徒，正在大街上购物：这句话更自然一些。卡罗尔·史密斯是事件的见证人，她的职业是读者得到的次要细节。

还有一点要说的是，除了在新闻报纸上，最初的无冠词版本看起来很尴尬。那是新闻文体。因此，丹·布朗（Dan Brown）的《达·芬奇密码》开头很刺耳：

著名馆长雅克·索尼埃拖着脚步走过圆形拱门……

写作的笨拙不是通过第一句子或第一个词展现，而是在此之前就已显露。在全书开始之前就漏掉了一个词，《达·芬奇密码》或许是第一本做到这一点的书。为丹·布朗鼓掌。

致　谢

　　我要感谢普罗法尔出版社（Profile Books）的全体员工，尤其感谢安德鲁·富兰克林（Andrew Franklin）、艾德·莱克（Ed lake）、佩妮·丹尼尔（Penny Daniel）、瓦伦蒂娜·桑卡（Franklin Valentina Zanc）和已故的约翰·戴维（John Davey），感谢他们的鼓励和（尤其是）耐心。感谢卡洛琳·怀尔丁（Caroline Wilding）快速地帮我整理索引，这是本书中我非常喜欢的一部分。我还要感谢罗杰斯，柯勒律治与怀特代理公司（Rogers，Coleridge and White）的全体人员，比起代理人，他们更像是我的家人。

　　同时，我要感谢那些在语言和用法上提出明智看法的作家们。我引用了他们的话，暂且不论是篡夺了他们的权威、盗取了他们的见解还是玷污了他们的美名；我是站在巨人（以及古怪的侏儒）肩膀上的矮人。

　　最后，我要感谢我的妻子爱丽丝（Alice），在我写作此书时，她承受了很多，还有我家里的三个小矮人，马琳（Marlene）、麦克斯（Max）和约拿（Jonah）。

图书在版编目（CIP）数据

写作的基本技巧 /（英）萨姆·利思著；褚旭译
. -- 北京：九州出版社，2021.10
　ISBN 978-7-5225-0424-7

　Ⅰ.①写… Ⅱ.①萨… ②褚… Ⅲ.①写作学 Ⅳ.
①H05

中国版本图书馆 CIP 数据核字 (2021) 第 166239 号

著作权合同登记号：01 — 2021 — 0064

写作的基本技巧

作　者	［英］萨姆·利思 著　　褚旭 译
责任编辑	王 佶　周 春
封面设计	柒拾叁号
出版发行	九州出版社
地　址	北京市西城区阜外大街甲 35 号(100037)
发行电话	（010）68992190/3/5/6
网　址	www.jiuzhoupress.com
印　刷	嘉业印刷（天津）有限公司
开　本	889 毫米 × 1194 毫米　32 开
印　张	9.5
字　数	181 千字
版　次	2021 年 10 月第 1 版
印　次	2022 年 1 月第 1 次印刷
书　号	ISBN 978-7-5225-0424-7
定　价	46.00 元